西藏文學

諾布旺丹 著

第一章

口傳時代的藏族文學

「口傳」是人類最早的文明傳播媒介。在口傳時代，人類的思維處在一種直觀而非理性的狀態，在這種狀態下的世界裡人神同住、天地混沌。意大利哲學家維柯在《新科學》一書中將這一階段稱為人類的「神話時代」或「詩性」時代。口傳或詩性時代的主要思維成果便是神話、傳說、史詩、聖史、傳奇、民間傳說、歌謠、寓言、懺悔文、編年史、諷喻詩、小說等。

　　口傳時期也就是歷史學家通常所指的史前時代。儘管藏文產生年代說法有不確定性，但通常認為，現今使用的藏文誕生於西元七世紀松贊干布時期。史前時代可以包括考古學上的舊石器時代、新石器時代、青銅時代乃至鐵器時代。

▲ 西藏阿里札達縣岩畫

　　如將文字的出現作為文明與前文明時代的分界線，可將口述和文字文獻兩種途徑作為分析把握西藏文明的兩端。西藏有文字記載的歷史已有一千三百多年。從新石器時代起，西藏人類的歷史距今已有一萬年。近八千年是在無文字歷史中度過的，包括之前經歷的三十一代國王都生活在口傳時代。現今我們所讀到的此前的歷史均以口耳相傳的方式傳承並記錄而成，包括神話、傳說和故事也是口述記錄的產物。西藏文學的整個發展軌跡可以分為口傳時代的文學和書面文字時代的文學兩種樣式。

第一節　口傳文學產生的自然和人文語境

　　文學歸根結底是人學，西藏自然與人文環境及其形成的諸社會條件即是藏族文學產生的根本原因。上古西藏的人文類型根據地理分布的不同可分為四種，這四種類型與特定的自然地理、氣候環境等息息相關。西藏高原地處亞洲大陸的腹心地帶：西面是歷史悠久的西亞河谷文明，北方是強悍的中亞草原游牧文化，東面是源遠流長的黃河、長江文明，南鄰植根於熱帶沃土的印度古老文明。從文化地理上來說，西藏是亞洲古文明的薈萃之所。

　　新石器時代遺存，有距今五千至四千年的昌都卡若遺址、距今三千五百至四千年的拉薩曲貢遺址。卡若文化當屬那一時期高原東部以農為主，畜養、狩獵占有重要地位的區域性經濟文化類型；曲貢文化則屬於已具相當規模的農業生產和家畜飼養，兼有狩獵的經濟文化類型，並已開始跨入青銅時代的門檻。以細石器為特徵的藏西北文化類型，代表著距今七千五百至五千年前的西藏西部及北部以狩獵經濟為主體的高原新石器時代文化類型。另外還有「林芝文化類型」。

　　這四種文化類型，大致代表了目前所知的西藏新石器時代不同地域分布、不同時期階段、不同

▲ 新石器時代中期的裝飾品（昌都卡若遺址出土）

▲ 新石器時代中期的盛器（昌都卡若遺址出土）

▲ 新石器時代晚期的生產工具（拉薩曲貢遺址出土）

▼ 布達拉宮

生態環境和不同經濟基礎的原始文化。進入早期金屬時代的標誌是原始岩畫，包括發現於藏北、藏西地區的石丘墓和大石遺跡，以及分布於藏南、藏東和雅魯藏布江中游等地區的早期石室墓。口傳文化的傳承更多地體現在它的物質性媒介上，這些物質形態即是口頭文化的載體和見證物。早期岩畫中出現的一些太陽的形象，姿態怪異、亦人亦獸或飾有羽毛

▲ 松贊干布塑像

的形象，應該與西部早期原始苯教的神靈崇拜有關。

萬物皆有生命、萬物皆有靈魂的原始思維構成了原始崇拜和早期苯教的認識論基礎。早期苯教以祈神伏魔、為人禳病、薦亡為業。苯教的黃金時代閃耀在象雄王國鼎盛時期。古象雄的疆域曾橫穿整個藏北高原，從橫斷山脈北側一直延伸到阿里高原。藏傳佛教體系中，從內容到形式都或明或暗地存留著苯教的痕跡。

西元前後，以雄厚的農業文明為背景的藏南河谷的雅隆部落，一舉統一了青藏高原，建立了盛極一時的吐蕃王朝，史無前例地改變了青藏高原的政治文化格局。藏文化的口傳時代一直延續到了西元七世紀的松贊干布時代。

第二節　口頭傳統：口傳文學的基石

　　「口頭傳統」（Oral Tradition）有廣義和狹義之分，前者指口頭交流的一切形式，後者則特指傳統社會的溝通模式和口頭藝術（verbal arts）。口頭傳統是一個民族文明得以延續和發展的基石，它是比書面文化早得多的一種人類文明形態。書寫傳統或書面文學傳統則是因口頭傳統發展需要而產生的。口傳文學依附於口頭傳統而產生，其生於民間、傳於口耳，與書面文學相對，被稱為「元文學」。它並非狹義的文學，卻又像種子一樣可以催生文學。近些年，由於聯合國教科文組織大力提倡保護非物質文化遺產，口傳文學或口頭的詩學打破純文學一統天下的格局而逐漸走俏，備受關注。書寫文學一旦印刷出版，就完全定型而不易有所變化。口傳文學的作品即使是一個人的創作，一旦經過不同人的傳誦，就會因為個人的身分地位以及傳誦的情境而有所改變，這樣因時因地的改變正好是發揮文學功效最好的方法，從某種意義上說口頭文學最能適合大眾的需要。

　　每個民族都曾出現過口傳（口頭傳統）時代。以西元七世紀松贊干布時期為分界點，藏族文化史可大致分為口傳時代與文字時代。口傳時代所反映的是藏族的遠古文明。這一遠古文明主要包含三大內容：苯（bon）、「仲」（sgung）以及德烏（lde'u），也可稱之為藏族遠古文明的「三大家底」。簡言之，苯波即藏族原始宗教信仰；「仲」指傳說故事（為格薩爾史詩前身）；德烏則包括謎語、讖語、隱語等。在早期，這三大文化系統主要有兩大功能：一是輔助國政，一是傳承族群的歷史記憶和文化傳統。

　　口頭文類的一大特質即是它的即興性和流變性，這不僅與神話性思維相關聯，也與「詩性智慧」息息相關。生活在遠古青藏高原的全體部落成員對自己部族和祖先的歷史、生活場景等的記憶完全是集體性的。在那個時候，所有的部落成員幾乎都或多或少能夠傳唱自己部族或族群的歷史和重要人物故事、譜

▲ 神話思維中的邏些（今拉薩）建築布局圖

系和事件，這個時代也是學者們所提及的「詩性智慧」時代。詩性智慧或詩性思維堅持人類集體創作詩歌的觀點。在人類歷史上，生活在世界各地的不同族群，由於其社會歷史發展進程的不同，神的時代或詩性智慧時代的進入期也有先有後，但一定是在他們思維的原初階段進入的。同一族群或民族由於地域不同，所處的文化環境不同，其思維水平也會產生不同的特點。就藏族地區而言，在西元九至十一世紀，由於佛教的引進，以及與其他民族間的文化交流，人們的思維較早地放射出理性文明的靈光。在三江源地區的廣大牧區，人們仍生活在原始、古樸和自然的環境中，神話思維或詩性思維仍是他們關照萬象的思維尺度。

詩性智慧又是一種情感性智慧，因為詩性智慧不同於理性智慧，它可以引起個體情感上的積極反應。維柯認為，詩性智慧有幾個特點：一是想像的類概念，二是擬人化或以己度物的隱喻，三是模仿，想像力可以把人們帶入特定的生命情景中去，也可以造化出「觀古今於須臾，撫四海於一瞬」的奇蹟。縱觀藏族文學史，在藏族遠古的歌詩、歌謠，包括仲、德烏和苯波中均體現了這樣的特點。

第三節　藏族文學的三大家底：仲、德烏與苯波

一、遠古藏族口傳文學的緣起

在幾乎所有的古藏文文獻中均記載：在吐蕃第二十七代贊普（即布德貢傑）之前，吐蕃的國政由仲、德烏和苯波護持。《西藏王臣記》（dpyid kyi rgyal mo'i glu dbyangs）載：「恰墀名為布德貢傑，其父時代出現了象雄和勃律的杜本派，在其子時建了羌瓦達孜宮，並出現了仲、德烏和天神苯波。」「仲」（sgrung）是一種古代藏人用通俗易懂的寓言故事講述祖先世系、宇宙和世間各種道理的民間傳統。德烏既是暗射事物，並在象徵與概念、詩性與理性之間互相溝通、連繫和理解的一種隱語，也是古代藏人開發智力、啟迪智慧的知識體系。苯波是藏族的本土宗教，總括了古代藏族人對人生、社會、自然界及其相互關係和發展規律的認識、闡釋和相應的儀式、儀軌活動。三者相互關聯，互為前提，不僅成為西藏遠古文明的主要載體，而且為後來印度佛教的傳入發揮了橋梁和紐帶作用，三者共同成為遠古藏族文學的濫觴。

遠古口傳時代的「仲、德烏和苯波」的發展，與當時的宗教和政治兩大因素息息相關。首先從宗教背景看，遠古時期的藏族置身於亞洲古老文明的包圍之中，處在中原和印度兩大世界文明的交匯點，不但受到了中原文明和中華各民族文明的影響，同時也受到了以佛教為主的印度文明的影響。在這兩大文明的關照下，後來形成了以佛教為代表的菁英文化和以史詩《格薩爾》為代表的大眾文化。前者是外來的、書面的，後者是本土的、口頭的，前者是一種封閉的、相對穩定的體系，後者則是一種開放的、流變性的體系。這兩大體系一直是西藏社會文明進步的支柱。西元七世紀的印度文明和中原文明都達到了其鼎盛時期，代表著當時世界文明的最高水平，而西藏卻仍然處在一種相對「未開化、無文字」的矇昧時代。佛教文明卻恰恰就在這個時候分別從印度和漢地傳

入西藏。

在佛教文化進入西藏時，藏族社會尚處在以仲、德烏和苯波為代表的本土文化的統轄之中。苯波是主要文明形態，在印度佛教進入西藏之前它已經受到中亞文明，包括波斯等周邊民族文明的洗禮，達到了很高的水平，形成了自成體系的經典、理論、醫藥和天文歷算等。它為佛教的傳入架設了溝通的橋梁。當時仲、德烏和苯波構成了藏族三位一體的文明結構，分別代表當時的人文知識體系、自然知識體系和思想信仰體系，構成了口傳時代藏族文化的根脈，形成了藏族古代文明的基質。對文學、謎語等智力領域的重視，可能對開發、啟迪和推動當時人們思維水平的發展起到了重要的作用。這一點在後來佛教文明的引進過程中得到了充分的證明。在西藏史書中我們經常可以讀到這樣的記載：

作為「經藏」傳播之前兆，產生了諸仲（Mdo sde 'byung ba' I ltos su sgrung dar，指民間故事和史詩）；作為「律藏」出現的前兆，產生了「苯」（'dul ba 'byung baoi ltos su bon dar，巫術）；作為「論藏」傳播之前兆，則出現了德烏（Mngon ba 'byung bo' ltos su lde'u dar，謎語系統）。

「經藏」「律藏」和「論藏」是佛教的全部教義理論的集大成，總稱「三藏」。它們分別闡述了佛教中不同的內容，經是佛陀之教言，包含了佛教教義的基本依據；律是佛教組織為教徒或信眾制定的儀式、儀軌；論是對經、律的解釋或闡述。其內容帶有極強的思辨色彩，內容豐富，體系龐雜。藏族的「仲」主要敘述的是有關宇宙起源、藏族種族起源、王系起源及部落來歷等方面的故事，這些故事特有的結構形態、思維方式，為藏民深入理解佛教「經藏」的內涵提供了可能性。「經藏」亦多以故事形式反映深刻的佛理內容，這正與「仲」的思維模式類似。藏族歷史上久已有之的「仲」，為「經藏」的順利傳播提供了有利條件。「德烏」則為引進和接受「論藏」提供了理論思維形態的保證。佛教的「論藏」所蘊含的正是佛教推崇的天文、歷算、醫藥、辯論等知識。可見，佛教的「論藏」與藏族傳統中的「德烏」在形式上有共通之

處，這種相通性在很大程度上消弭了「論藏」在藏族社會傳播的障礙。苯教的存在雖然在歷史上為佛教的傳播帶來了諸多阻力，但同時也對佛教的傳播提供了助力。

以民間說唱故事為主要內容的「仲」，以謎歌、謎語為主的德烏，以原始信仰為主要內容的苯波，分別為佛教的經、律、論三藏在西藏的傳播起到了橋梁作用。據傳，在松贊干布的祖輩時代，裝有數部佛經的寶匣從天降至王宮頂上，但當時的國王和藏人不知其內容為何物，便供奉在宮廷中。直到七世紀人們才發現這一被封存已久的經卷為包括《經藏》在內的四部佛教經典。在《柱間遺教》等其他古文獻中說的更為明確：為了使人領會佛之教言，才示以「仲」。為使人懂得佛之教理，便示以「德烏」。可見，佛教徒深深認識到「他山之石，可以攻玉」的道理，看到了「仲」對弘法所具有的潛在意義。因為《經藏》在佛教中是關於闡述實相或事物本質的覺悟的教理，它包括了佛教對事物的思考和理解，其中將佛教的四諦、八正道等教理用各種深入淺出的故事形式加以展示。

其次分析政治層面，在《西藏王臣記》（dpyid kyi rgyal mo'i glu dbyangs）、《土觀宗教源流》（thu'u bkan grub mtha'）等藏文典籍中記載：「在第二十七代贊普拉托多日年贊之前，吐蕃社會用『仲、德烏、苯』三種方式來管理百姓，治理國政。」[1]在古代藏族社會，王室有一位被稱為「辛」（gshin）的大祭司，他們既是贊普的老師，也是宗教儀式的主持人。「辛」為贊普出謀劃策，創編有關贊普譜系的傳說，以教化百姓，穩定政權。他們首先將藏族第一位贊普聶赤贊普的祖先上溯到天神，創編了「天神下凡」「天神之子作人間之王」的歷史神話。目前關於聶赤贊普的歷史有三種不同版本：（1）公開苯教說（bsgrags pa bon lugs）；（2）極秘非人說（yang gsang mi min lugs）；（3）祕密佛教說（gsang

---

1　阿旺‧洛桑嘉措著：《西藏王臣記》（dpyid gyi rgyal mo'l glu dbyngs）（藏文版），民族出版社，1986年，第38頁。

▲ 聶赤贊普「天神下凡」的故事（唐卡）

ba chos lugs）。作為吐蕃王系的第一位贊普，他的族譜關係到後來吐蕃各贊普身世的貴賤問題。那些「大祭司」們對他的族譜歷史進行了神話化的再造。「公開苯教說」：聶赤贊普本是天神的兒子，後降臨人間，來到羌脫神山（lha rig gyang mtho，今山南境內）。長者派出十二個頗為聰明的巫師教徒上山，盤問小夥子從哪裡來，這個小夥子用手指天。這些人得知小夥子是從天上來的，是「天神之子」，格外高興。十二人中為首的便伸長脖子，給這位「天神之子」當坐騎，前呼後擁地把他抬下山來。聚居地的人們紛紛前來，見這個從天上來

的小夥子聰明英俊，便公推他為部落首領。這就是後來稱為「吐蕃」的部落的第一位領袖，人們尊稱他為「聶赤贊普」，也就是「用脖子當寶座的英傑」。藏語中，「聶」是「脖」的意思，「赤」是寶座，「贊普」是「英武之主」。自此，歷史上把藏王稱為贊普。這個聶赤贊普便是吐蕃部落的第一個首領。從他開始到吐蕃王朝建立，一共傳了三十二代。這一傳說立足於苯教思想，旨在隱瞞聶赤贊普真實身世，故意把他塑造成為第十三天光明神之後裔，由氏族和苯教徒共同把他擁立為王，認為贊普（王）是天神下界統治吐蕃人的主宰，用天神與祖先合一，以此說明藏王並非凡人，而是有其高貴的身世。到了西元七世紀，佛教從印度傳入吐蕃，並在吐蕃王室的支持下迅速與本土原始宗教——苯教形成了對峙關係。在角逐中贏得初步勝利的佛教勢力，開始用佛教的價值觀和思想重新塑造贊普的譜系歷史。這樣出現了第三種佛教化版本的聶赤贊普的神話傳說——祕密佛教說。

聶赤贊普的傳說故事本身並不複雜，複雜的是這一故事經不同歷史時期、不同宗教立場的個人或團體的表述與演繹，最終發展成了頭緒紛繁、具有多重涵義的故事體系。經歷世積累形成了三種不同的傳說。這種文化集結行為大大推動了古代西藏口傳文學的發展。

除了上述神話以外，《瑪桑的故事》也是與西藏古代王室有著密切連繫的神話故事。瑪桑是一種從古至今在青藏高原上經常出現在普通人生活中的「鬼怪」式生靈，也是「仲」的主人公之一，屬獨腳鬼類的半神。據傳，獨腳鬼與人類關係極為密切，人們極易看到它們現身，因而也產生了許多以此為主題的神話故事。

在這些故事中，最為著名的還屬瑪桑力士與藏族早期王族間的淵源關係，這一故事主要敘述吐蕃第一位贊普聶赤贊普如何從獨腳鬼界降世的：

他降生於獨腳鬼界，後取名為聶赤。在一個叫普沃的地方，當地一位名叫莫尊（Mo-btsun）的女子生下了七個獨腳兄弟。最小的就是獨腳鬼曼雅烏波拉（Ma-snya-u-be-ra）。他的巨舌遮覆了整個面龐，他的五指呈蹼狀，顯露出具有

法力的凶殘之相。由於這個原因，普沃有影響的苯教徒說：「他太強勢了，我們必須把他趕出去！」在供奉了祭品、舉行了驅除獨腳鬼儀式後，他們把他逐到藏地。在那裡他遇到了正在尋找贊普的藏人，他們問他「你是誰」，他答道：「我來自普沃。」他們問道：「你的手指和舌頭太嚇人了，你有何等法力？」他答道：「我有神奇的法力和各種本領，所以我才遭到放逐。」他們大聲說道：「我們要立你為王！」話畢，他們就把他舉放在架在脖頸的寶座上，給他戴上王冠，並宣布「他就是聶赤贊普」。這一故事應該是前文所述聶赤贊普神話故事中「極秘非人說（yang gsang mi min lugs）」的早期版本。

　　儘管仲、德烏和苯波源自民間，源自大眾智慧，但它們後來在吐蕃社會中被官方所掌控，成為管理社稷的一種有效「工具」，根據官方意識形態進行編創、加工和傳播。有專門的人根據需要編創「仲」，其中「聶赤贊普的神話故事」的苯教化和官方化即是一個鮮明的例子，最終形成了民間版本、苯教版本和佛教版本的「聶赤贊普的神話故事」。德烏亦然，當初它僅僅具有啟迪人們智慧的「謎語」功能，但後來它成為情報、密信等的有效載體，歷史上出現了許多膾炙人口的「德烏」詩句和相關歷史故事。就苯教而言，儘管起初它與神話觀念、神話儀式息息相關，但後來出現了被稱為「辛」的御用苯教徒，執事

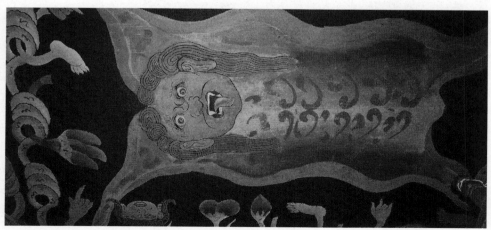

▲ 宗教儀式中所展示的惡人命運圖

處理國王和官方的宗教事宜，諸多的神話文本被改造成為國政所需要的話語內容。因此，仲、德烏和苯波源自大眾、源自民間，後來成為官方的治理工具，從而也成為御用文人的專利，受到了宗教和政治兩個方面的極大影響和衝擊。這種情形一直延續到吐蕃後期。

二、仲、德烏和苯波與遠古藏族口傳文學

（一）民間的「仲」與苯波的「仲」

「仲」一詞在藏語中意為「長篇敘事故事」。在口傳時代，「仲」是歷史的一種特殊記憶，這種記憶往往具有神話或傳說的性質。這種性質的歷史，不僅成為了解藏族書面文獻出現以前的藏族歷史和王室譜系的重要材料，而且成為後期藏族歷史可持續的規範性和定型性力量，被理解為指向群體起源的「鞏固根基式回憶」。

這些所謂的「仲」文類，出現於松贊干布之前，除了有關世界、氏族和祖先起源的史詩故事中的將士民間傳說或神話故事外，還有運用諺語、隱語和俗語等手法教誨做人做事道理的口頭文類。「（當時的故事說唱藝人）具有某種宗教特點，他們的職責與苯教徒很相似。然而，故事說唱藝人們也是一些故事表演者，而歌唱家們則歌唱一些隱晦的不解之謎，也可能還歌唱一些系譜故事。二者可能代表了一種所謂的『人間法』（mi chos），與其相對應的則是『神仙宗教』，主要是指佛教。據說，在西元八世紀吐蕃贊普赤松德贊翻譯佛教典籍時，根據其大臣郭赤桑雅喇（'gos khri bzangs yab lag）的諫言，將祖先松贊干布之前有關贊普的歷史傳說（仲）編入『人間法』。」[2] 總之，以「仲」為代表的「人間法」成為藏族文明數千年來生生不息的「文化家底」。

遠古口傳時代的「仲」，除了以上的王族神話故事外，還包括三個方面：

---

2 山口瑞鳳〔日〕著：《西藏》（上），全佛文化事業有限公司，1987 年，第 350 頁。

一是以詩歌形式闡述的各種創世神話、宇宙起源神話；二是族群譜系的長篇敘事故事；三是寓蘊深意的動物神話故事。「仲」不僅是古代藏族敘事故事的活水源頭，也是後世藏族敘事文學發展的濫觴。

1、創世神話

在口傳時代，藏族先民用詩性思維觀察和認知周圍的事物，揭示宇宙滄桑的奧妙和人類命運的起伏多變，以及對大自然的心靈皈依。從不同側面反映了藏民族認識客觀世界、求得生存、創造人類文明的歷程。

在諸多藏族神話中，創世神話是一個最亮麗的主題，主要解答、闡釋世界起源和天地起源以及族群起源等問題。這種「仲」有不同的表現形式，有的表現為歌謠問答，有的體現在早期歷史文獻（主要在苯教文獻）敘事文本中。其中，歌謠問答至今仍存有遠古痕跡：在藏人的婚禮和節慶上，男女老少聚集在一起時，當中有一對歌手，用歌謠形式一問一答進行吟唱，一直到難住對手為止，成為民眾寓教於樂、傳播傳統知識的一種方式。

A、民間口傳性創世神話

歌謠傳統是人類最早用於傳遞智慧的方法，這一傳統普遍存在於世界各地的族群中。在漫長的遠古時代，藏族人民以絢麗多彩的豐富聯想，以詠唱方式表達對自然世界的認識和理解。這些神話歌謠所反映出的最初哲學判斷成為藏民族原始哲學的基石。在藏族民眾中流傳的《斯巴形成歌》中有這樣的記載：

問：「最初斯巴形成時，天地混合在一起，請問誰把天地分？
　　最初斯巴形成時，陰陽混合在一起，請問誰把陰陽分？」
答：「最初斯巴形成時，天地混合在一起，
　　分開天地是大鵬，除了大鵬誰能分！
　　最初天地形成時，陰陽混合在一起，
　　分開陰陽是太陽，除了太陽誰能分！」

▲ 藏族先民關於宇宙形成的創世神話圖

　　天地宇宙萬物在藏語裡叫「斯巴」。這首歌謠產生在遠古時代，體現了藏族先民對世界起源認識的詩性表達。他們認為，天地宇宙萬物不是人造的，也不是神所造，而是由於事物之內在規律演化而生。這種樸素的唯物主義自然觀，恰好符合原始社會時期人們的思想觀念。

除了上述「天地混沌一體說」以外，還有一種「物質轉化說」。正如《斯巴宰牛歌》所唱：

問：「斯巴宰殺小牛時，砍下牛頭放哪裡？我不知道問歌手；
　　斯巴宰殺小牛時，割下牛尾放哪裡？我不知道問歌手；
　　斯巴宰殺小牛時，剝下牛皮放哪裡？我不知道問歌手。」
答：「斯巴宰殺小牛時，砍下牛頭放高處，所以山峰高聳聳；
　　斯巴宰殺小牛時，割下牛尾栽山陰，所以森林濃郁郁；
　　斯巴宰殺小牛時，剝下牛皮鋪平處，所以大地平坦坦。」

　　「物質轉化說」神話歌謠認為，天地宇宙萬物都是一種物質轉化為另一種物質。這些神話歌謠以動物的諸器官來解釋宇宙萬物的形成，道出了宇宙萬物相互作用、生滅交替、生生不息。這種具有樸素唯物論的思維方式也許就是原始狩獵時期的先民所共有的，產生在苯教出現以前。

　　在藏區，還有與海洋有關的大量創世神話，並有多種變異版本。

　　如流傳在西藏那曲的一則創世神話：「世界原本是一片浩瀚的汪洋大海，後來天空出現了七個太陽，由於猛烈暴曬，岩山崩裂，崩裂的碎石與海洋融為一體。後來經過長期風吹雨打結成了一塊碩大無比的巨石，巨石上沉澱出幾層土後長出草木花卉，後來也就產生了五穀雜糧。」這是一則典型的創世神話，沒有出現人和神的影子。

　　流傳在雲南德欽的一則神話：「遠古時期人間是一片汪洋大海，後來天天狂風肆虐，塵土飛揚至海面，日積月累慢慢沉澱成大地。當時天是石頭形成的，沒有雲彩，經過多少年後天石崩裂，似乎要墜落到大地，生活在地面的人們天天膽顫心驚。後來一個能人將海洋之水化為輕霧，讓其飄向空中托住了石頭，而後霧氣變成了雲彩。從此後人們可以無憂無慮地生活在大地上。」這則神話中出現了人的影子，似乎受到了後期英雄神話的影響，也與漢族的女媧補

天神話較相似。

這類與海洋有關的神話除在藏區流傳外，在史書如《柱間遺教》《智者喜宴》和《西藏王統記》等均有記載：在遠古時期，青藏高原的山窪都是水，後來山窪的水流入了「貢格曲勒」山洞而顯現出了青藏高原的地貌。

B、苯教與創世神話

創世神話不僅以歌謠方式出現在民間口頭，也出現在苯教文獻中。苯教是藏族遠古本土智慧的又一重要載體，它是藏族人在其遠古時期對人生、自然的思考，從混沌朦昧狀態邁向抽象化、概念化、理論化、儀式化和秩序化。苯教

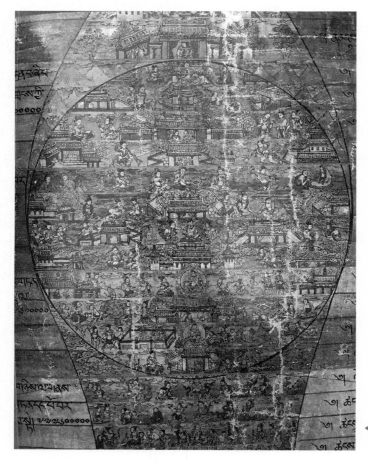

◀ 藏族先民關於宇宙形成的創世神話圖（局部）

▲ 太陽神話圖　　　　　　　　　　▲ 月亮神話圖

與神話有著密不可分的關係，不論是闡釋世界和人生起源的神話故事，還是啟迪智慧的「德烏」，都因為與苯教的關係而得到很大發展。苯教與神話的關係主要體現在苯教的教義精神建立在由神話所構成的信仰觀念上。苯教的教義多表現為神話材料的引述。苯教的神話是隨著對周圍民族宗教成分的吸收逐步積累產生的，因此，苯教神話中既有藏族傳統的神話元素，也有中亞地區宗教神話的引入。苯教將外來宗教裡的各種神話，諸如宇宙起源神話、人類起源神話等條理化後作為自己的宗教教義，從而形成經文神話的多元構成。[3]

　　苯教的神話與其薩滿教式的宇宙結構觀念是密切相關的。在苯教中，宇宙分為天界（nam mkhav）、中空界（bar snang）和地下界（sa/sa vog），稱為「三界宇宙結構」。天為神界（lha），中空為贊界（btsan），地下為龍界（klu）。宇宙層次的分割與原始人觀念中的靈魂居留移動特徵有關。靈魂在人類意識領域中出現善惡之分，善魂上升，成為天神，同時又成為祖先神。

3　謝繼勝：「藏族苯教神話探源」，刊載於《苯教研究論文選集》第一輯，中國藏學出版社，2011 年，第 626 頁。

儘管「仲」產生於民間，但在苯波中藏族的這種原生神話被納入其宇宙三界觀的信仰體系中。在苯波中有一種「芒」的儀式，就與神話故事及其相關儀式有關。這種儀式很多時候是專門為某些神靈舉行的。在這類儀式上，祭司用故事宣講的方式與神靈公開溝通。其具體功能是用故事來宣講與某人譜系相關的神話，這種宣講以獨特的起源神話為據。

有些神話是藏族本土神話苯教化，有些則吸收鄰近民族的宗教神話，並進行苯教化的改造。因此，神話的宗教化變異是藏族宗教的一大特點。神話的宗教化是指神話演變成帶有宗教儀禮形式的神話；神話中包含的文學想像或情節成分降低，文學性減少，神話的口傳範圍縮小，並納入宗教典籍或宗教儀軌之中。

2、族群起源神話

族群起源神話產生於創世神話之後。在創世神話中，自然是人的絕對主宰，人類屈從於自然界的威力，思維意識也主要定格在自然之物，還沒有反射

▲ 宗教舞蹈──羌姆

到人類自身上，故而在創世神話中較難找到人或神的印記。人類在與大自然進行的長期而漫長的鬥爭中，逐漸認識到人的本質力量有時也能超越或征服自然威力，從而逐漸將思維意識對象從大自然轉向與人相關的問題，從而也就產生了解釋人類起源方面的神話。在苯教古文獻《黑頭凡人的起源》中，也有關於藏人族群來源的描寫。

▲ 雍仲苯教的「卐（萬）」字紋符號

關於藏人起源的神話故事家喻戶曉：

在遠古時期藏區沒有人類，阿里三圍是鹿和野驢等動物的天堂，衛藏四茹活躍著虎、豹等猛獸，多康六崗棲息著鳥類等珍禽。觀世音菩薩派一位獼猴菩薩弟子至藏區禪道修法。其後，來了一位羅剎岩女要求與其結為夫妻，獼猴菩薩無奈，只好到布達拉聖山求教觀世音菩薩。觀世音菩薩點化其與羅剎岩女結合，遂生下了與六道眾生稟性相同的六個猴子，獼猴菩薩便將這六個猴子安置在一個野果豐茂的樹林。過了三年，已繁衍出五百個猴子。因為猴子多，野果消耗殆盡，眾猴子飢腸轆轆。觀世音菩薩從須彌山中取出六穀種子撒向大地，長出了不種而生的野穀類，眾猴子依靠這些野穀維持生計，繁衍後代，慢慢地身上的毛變短了，尾巴也漸漸消失，最後變成了人。

這則神話在藏區各地版本大同小異，在藏族歷史書籍《嘛呢教言錄》《智者喜言》《西藏王統記》《西藏王臣史》和《法源花蕊甘露精要》等中也有較多詳略不同的記載。西藏山南澤當地區的許多地名與這一神話密切相關。在這則神話中，我們看到了藏族人從猿轉變成人的過程。

另外，還有一則始祖神話這樣描述：「在久遠年代的火劫時期，大地乾枯而沒有一滴水。大地上除了一棵果樹和兩兄妹之外，其他生物都被烈火所焚

燒。兄長由於飢餓難耐躺在大地上仰望著蒼穹，突然他看到沒有燒焦的果樹上還有一枚果子，他便用弓箭射下果子，與妹妹一人一半分吃了。住在天界的蓮花生大師看到人間的這種悽慘景象，於心不忍，便灑下了幾滴神之甘露，這些甘露就變成了大海，並從大海深處凸顯出一塊巨大的岩石。岩石上長出了茵茵青草，並且越來越茂密，岩石也隨之變大而成了陸地和山脊。後來陸地上有了穀類和牲畜，而陸地底下是海洋。在海洋中有一個黑豬，黑豬走動時大地也隨之

▲ 「獼猴變人」繁衍圖

搖晃，這就是地震和塌陷。」這則神話承認了血緣婚姻，記載了原始時期發生火災、地震等自然災害，也有藏族海洋類神話的影響，是一則較典型的次生神話。這樣看來，這則神話是由兄妹結婚繁衍人類神話和洪水神話共同組成的變異次生神話，與漢族的伏羲兄妹制人煙的神話極為相像。

▲ 陶塑猴面像（拉薩曲貢遺址出土）

3、動物神話故事

在早期的「仲」中，關於飛禽動物的神話故事占有重要位置。在很多歷史文獻中提到《麻雀的故事》（mChil-pi'i-sGrung）。這些神話往往以簡約的方式，通過動物寓言和訓諭，表達人生、社會、宗教的相關道理。在漫長的社會實踐中，藏族先民為了自身的生存和繁衍，在與自然界進行鬥爭的過程中創造出了生產勞動方面的豐富神話。這些神話基本上遵循了先牧後農、先為狩獵點後為村落的人類發展史的基本規律。在狩獵時期，人們發現有些較溫順的動物可以飼養，以備後用。這些動物在與人類的頻繁接觸中變成了家畜，形成了最原始的畜牧業。以家畜為主的原始神話故事也相伴而生。

敦煌古藏文文獻中，收錄了一則吐蕃時期的《馬和野馬》的神話：在非常久遠的年代，九重天界有兩匹馬生了一個小馬駒。由於天上的水草不夠享受它們便來到人間。小馬駒在一個名為吉戎定瓦的地方，與那裡的馬王結合生下了三個馬駒。又因為沒有足夠的水草，馬駒三兄弟分別到三個地方。它們所去的地方都有豐美的水草。馬駒老大伊吉當嵌在強噶南遇到了名為鍾亞噶瓦的野犛牛。野犛牛鍾亞噶瓦要求他離開此地。老大伊吉當嵌建議不為草場爭奪，馬吃草時，牛喝水；牛吃草時，馬喝水。野犛牛鍾亞噶瓦沒有採納此建議，還用其

▲ 四和諧圖

尖銳無比的犄角挑死了伊吉當嵌。三弟科戎邱達說：「仇恨撕裂了我的心，我要去撕野犛牛鍾亞噶瓦的心，為老大伊吉當嵌復仇。」二弟江戎俄扎認為自己不是野牛的對手，無法報仇。兩兄弟意見不和，便分道揚鑣了。後來，三弟在人的幫助下殺死了鍾亞噶瓦，為老大復了仇。三弟為了感謝人類的恩情，成為人類的朋友，變成了家畜。二弟四處遊蕩成了野馬。」這則神話反映了藏族先民從原始矇昧時代末期的狩獵採集生活，過渡到野蠻時代初期馴養家畜的牧業社會，實現第一次社會大分工的過程。

關於種植方面的神話，有《青稞種子的來歷》《種子的起源》《青稞歌》和《斯巴形成歌之種植篇》等。其中較為典型的是流傳在四川省阿壩和馬爾康一帶的《青稞種子的來歷》：遠古時期有一王國，地廣人多，可是這裡的人們從來沒吃過青稞，只吃牛羊肉，只喝牛羊奶。善良勇敢的王子阿初為了讓百姓吃上香噴噴的青稞，在山神的護佑下冒著生命危險到人世間唯一種莊稼的蛇王處偷青稞種子。蛇王發現後，用魔法讓其變成了一隻狗，並準備吃掉他。多虧有山神送給他的風珠護佑，他才帶著青稞種子成功地逃了出來。後來，王子阿初還了人形，與美麗可愛的土司姑娘額曼結為夫妻，過上了幸福生活。藏族人民為了報答阿初王子給他們帶來青稞種子的恩情，每年收割完青稞吃新糌粑時，人還未吃之前要先捏一把糌粑給狗吃。這個習俗一直流傳至今。此類神話屬典型的父權神話或英雄神話，神話中出現的「王子」「土司」等乃是人類社會進入階級社會後，在傳承這則神話時通過增加情節而形成的，因此可以說這是一則次生神話。

關於建築等方面的造屋神話，《七兄弟星》較為典型：在古代，雪域高原由格薩爾王掌管，他驍勇善戰，打敗了四方勁敵，消滅了山澗猛獸，剷除了河

妖湖魔，使人們過上了幸福安康的生活。那些被打敗了的妖魔鬼怪卻糾集在一起，變成猛烈的風沙肆虐草原、席捲莊稼和牛羊。有七個兄弟為大家修築了很多堅固的三層樓房，人住在中層，牲畜關進樓下，最上層曬糧食、供佛神，從此人們過上了安寧日子。天神們聽說七兄弟故事後，便把他們請到天上去，替天神蓋樓房。這七兄弟就是七顆明亮的北斗星。這七顆星經常變動位置，那是他們在一處蓋完房子後，又被請到另一個地方的緣故。這則神話反映了藏族先民在游牧種植時代，從居無定所、住天然洞穴到修建房屋，逐漸趨於定居生活方式。這一時期的神話基本上不再是以血緣家族為紐帶，而是以地緣氏族為紐帶，所反映的道德觀念自然充滿了政治色彩，或將人類的社會結構帶進了神的社會結構，神的社會屬性逐漸代替了神的自然屬性。

（二）「德烏」

　　對人們的生活實踐產生直接影響的，除了「仲」，還有德烏和苯波。「德烏」是藏人運用符號、謎語和神祕語言傳遞知識、交流信息的一種符號表達。

▼ 動物靈骨

藏族文學作品對此有很多紀實性描述。「德烏」往往被人們解釋為「謎語」。
這類謎語在藏區隨處可以聽到，種類繁多。謎語要用含義晦澀的隱語來描述被
猜之物，顯然謎語是培養心智才能的一種方法，無論其社會階層、年齡或文化
水平有何差異，任何人都能以這種方式培養自己的認知力，增強記憶力和智
力。謎語的這一特質是不容置疑的，但「謎語」卻不能涵蓋「德烏」的全部含
義。在古代，贊普和大臣們以「德烏」治理吐蕃，絕對不能理解為這些人僅靠
猜謎培養才智和能力來治政，或認為他們在大議事廳聚議時用猜謎的方式互相
提問來商議各種政務。「德烏」一詞還有更寬泛、更深刻的含義，從出現在眾
多吐蕃贊普名字中的這個詞及其變體「德」（lDe）即可確認這一點。德烏還廣
泛用於密義的傳授、情報的傳送等。自古以來，佛教和苯教《大圓滿》經文在
藏區廣為人知，並被視為一切宗派義理的精髓。在經文中，「德烏」以簡短、
令人費解的寓言形式，通過象徵符號闡釋了真如實相。毋庸置疑，這反映了
「德烏」含義深刻並被提升了的一面。

▲ 天地人共舞圖

「德烏」的另一個獨特功能是通過象徵性物品或實際密碼傳遞情報信息。下面這個例子引自敦煌寫卷，記述了贊普松贊干布姐姐賽瑪嘎爾（Sad-mar-kar）被送給象雄王李迷夏為妃後，她派人給松贊干布送去的回覆：

當大臣芒瓊（Mang-chung）拜見后妃時，她說：「我沒有什麼書面答覆給贊普——我的兄弟。我很高興他告訴我他身體康健。把我的這份禮物直接交到他的手中吧！」她交給大臣一個包裹。大臣芒瓊返回面見贊普時，他說：「后妃沒有書面答覆，她吟唱了這些詩句，並交給我這個包好的包裹。」贊普打開小包裹，看到裡面有三十塊上乘的綠松石。在長時間思索後，贊普說：「它的意思似乎是，如果你有勇氣迎擊李迷夏，就像男人那樣把綠松石繞在脖間；如果你表現得像個女人，那就像女子那樣把它們作為飾物插在髮際間吧！」隨後，贊普和大臣們再次商議，最終，他們推翻了李迷夏政權。

「德烏」是以象徵性、具有符號含義的解釋技巧為依據，無須使用語言就能傳遞祕密信息的密碼語言。還有口頭語言或解謎形式，被用來交換祕密信息的。[4]吐蕃時期對「德烏」的推崇極大地促進了這種文學樣式的發展。

4　曲傑·南喀諾布〔意〕著：《苯教與西藏神話的起源》，向紅笳、才讓太譯，中國藏學出版社，2014年，第46-49頁。

▌第四節 藏族口傳文學的哲理化表達：諺語

　　諺語是一種對各種行為規範和社會規律的哲理性語言表達，具有言簡意賅的特點。諺語是在長期的生產和社會實踐中形成的。儘管它產生於口傳時代，但它是人類進入更高文明階段的一種表徵。藏民族是富有語言智慧的民族。民間長者、耆老雖然沒受過正規教育，但一旦講起話來妙語連珠，他們具有高超的演講和辯論水平，令人傾倒。一些愛好語言藝術的年輕人則紛紛效仿，學習老一輩的講話風格，傳承了民間語言藝術。在藏語言藝術中，諺語是不可或缺的重要組成部分。藏族民間諺語普及率高、使用率高、傳承率高，語言精美，節奏鮮明，句式完美，音韻和諧，哲理性很強，富有吸引力、感染力、生命力。藏族諺語中說：「沒有放鹽的茶難喝，沒有諺語的話難聽。」「美酒在於品味，美言要有諺語。」《格薩爾》就是一個藏族諺語寶庫，其中諺語數量之多，內容之廣，超過任何民間文學作品。這些諺語大多來源於民間，但又不失史詩本身的特色。《格薩爾》將其化作自己的血肉，熔鑄成史詩的精髓，對表現主題思想，塑造人物形象，增強史詩的知識性、趣味性和民族特色都起到了重要作用。

　　英國人托瑪斯（F. W. Thomas）出版的《西藏東北部古代民間文學》（Ancient Folk-Literature from North-Eastern Tibet， 1957）一書，利用曾藏在中國敦煌千佛洞中的古藏文文獻，對古代藏族民間文學進行了分析。這是迄今所能見到的較早的藏族民間文學資料。書中第五部分「松巴諺語」即是目前所掌握的最早記錄成文的藏族諺語。這裡的「松巴」是指古代吐蕃五大地區之一，《唐書》上叫「蘇毗」，也叫「孫波」，大致在今西藏北部和青海南部一帶，這一地區是青藏高原的牧業腹地。

　　在「松巴諺語」中，有不少是與家族興衰有關的，比如：

　　「生了賢良的子孫，可眼見家業興旺；娶了賢淑的妻子，可說是福澤到

手。

　　生了不孝的子孫，家業衰敗，流落邊疆。

　　物品以新為最好，財富以子嗣為最重要。」

　　在以游牧為生的古代社會裡，生產力不發達，人們完全依靠比較原始的手工勞動過活。一個家庭（家族或部落）的興旺發達，全靠辛勤勞動和不斷積累的生產經驗，諸如幼畜的接生、母畜的擠奶、畜產品的製作，等等。操持和管理家務的主要是婦女，繼承家業要靠子孫，所以，一個家庭或家族能否興旺發達，妻子兒孫的好壞至關緊要。這些諺語特別強調妻子及子嗣的賢劣，這正是當時牧業社會面貌的反映。

　　像這一類的諺語還有：

　　「母賢子也賢，猶如黃金鑲碧玉；母劣子也劣，猶如破屋堆糞土。

　　兒子比父親賢明，猶如火在草坪上蔓延；兒子比父親惡劣，猶如血被水沖走。」

　　家業興旺，不但需要人、需要一代勝過一代，而且需要一家人團結一致、互相尊重、和睦相處。例如：

　　「父母雙親，是找不來的。」

　　「不和睦的弟兄，是一切人的敵人。」

　　「丈夫被妻子拋棄，猶如被馬拋在戰場；父親被兒子拋棄，猶如下雨無羊毛披氈。」

　　「松巴諺語」中，有的是社會生活經驗的總結，或者是一些為人處世的道理：

　　「調伏別人，要用言語和影響；鞣製皮子，要靠搓鞣和拉扯。

　　好言相對，是家族的根基；惡語相傷，是魔鬼的大門。」

有的教導人們分清是非善惡、辨別人的好壞：

「英雄的膽量，不為死亡所懼；

賢者的敏銳，不為學識所窘。」

「遲鈍的蠢人，難測敏銳的智者，

冬天的白雪，蓋不滿大山。」

有些諺語說明美德需要人們主觀上去努力培養：

「善思考的君王，也要以別人為榜樣；

善走的良馬，也要用鞭子催打。」

有的諺語還揭露了階級社會中的醜惡現象：

「富人為貪婪的權貴所毀；

賢人為嫉妒的壞人所毀。」

有的還通過一些大自然現象來說明富有寓意的哲理：

「一棵樹立的松樹，能發展成無邊的森林；

小小的清泉，是那大海的精華。」

「牧場上的牧草雖好，

踐踏了夏天也會枯瘦。」

「松巴諺語」表現了早期藏人的語言智慧。內容上、表現方式上、主題
上、語言藝術上，均為後世藏族語言藝術的楷模。

一個民族在其形成和發展過程中，積澱了深厚的人文傳統。這些傳統在口
頭傳統時代，往往會滲透在它們的神話、傳說、民間故事、諺語、格言和訓誡
等文類中，成為一個民族早期族群文化認同的載體。

人類學學者認為，使一個民族產生文化認同的知識包括兩個方面：

一是涉及價值觀和行為規範（包括使集體日常生活有序進行的規則以及社會交往中那些不言自明的規則）的知識，被稱為「規定性文本」。規定性文本要回答的問題是「我們應該做什麼」，它們教導人們如何判斷是非、如何正確做人做事，是民族思想和集體行為的指南，影響和建構民族的生活方式和行為方式。這些規範和價值往往體現在歌謠、格言、諺語等之中。

　　二是涉及族群成員通過對自身身分的認知來實現自我社會歸屬的認同並校驗認同的有關知識，包含部落的神話、傳說和英雄的族譜等。它們是試圖理解世界的一套法則，是對生與死、命運與自然、神靈與崇拜的解說，要回答的問題是「我們是誰，從哪裡來」。這類知識被稱為「定型性文本」，影響和建構了人們對生活的闡釋。

　　上述兩個方面，前者作用於人們日常性社交生活，後者則顯現在典禮性社會交往中。二者分別展現文化的共時性和歷時性兩個方面。在口頭傳統時代，這兩種知識分別體現在藏民族早期的族源神話傳說、歌謠和諺語格言等口頭文

▲ 牧民生活圖

本中。前者表現為藏族文學的共時性特點，它包括了藏族人的人倫道德、處事方式和社會規範等，而後者反映藏族族群的起源和社會滄桑變遷等歷時性面貌。二者共同構成了藏族早期的人文結構和文化認知結構，具有互補性。從這個意義上說，諺語之於一個民族及其社會認同和文化傳承具有無可替代的價值。

第二章

藏族口頭傳統的集大成：《格薩爾》史詩

第一節　概述

　　《格薩爾》是藏族數千年口頭傳統的集大成，也是藏族牧業文明的代表作，是關於藏族古代英雄格薩爾神聖業績的宏大敘事，以韻散兼行的方式講述了格薩爾王為救護生靈而投身下界，率領嶺國人民降伏妖魔、抑強扶弱、完成人間使命後返回天國的動人故事。《格薩爾》全面反映了藏族及相關族群的歷史、社會、宗教、風俗、道德和文化，至今仍是藏族民眾歷史記憶和文化認同的重要依據，也是中國族群文化多樣性和人類文化創造力的生動見證。《格薩爾》又是人類口頭藝術的傑出代表，憑藉一代代藝人的口頭藝術才華，史詩在中國西部高原的廣大牧區和農村傳承千年，是藏族宗教信仰、本土知識、民間智慧、族群記憶、母語表達和文化認同的重要載體，也是藏族傳統文化原創活力的靈感源泉。

　　《格薩爾》二〇〇六年被列入中國國家級非物質文化遺產代表作名錄，二

▲　格薩爾大王、王妃及其三十員大將銅像（局部）

▲ 格薩爾騎馬征戰（唐卡）

○○九年被聯合國教科文組織批准列入人類非物質文化遺產代表作名錄。

《格薩爾》流布區域主要分布於東經 30°至 73°，北緯 27°至 40°之間的中國西部青藏高原、北部蒙古高原、天山腳下，區域總面積大約二五○萬平方公里，包括位於阿里高原、雅魯藏布江流域、藏北草原、橫斷山脈地區、念青唐古拉山山脈地區、長江上游流域和黃河源頭流域、喜馬拉雅山北麓地區以及內蒙古自治區、新疆維吾爾自治區、青海省、甘肅省、四川省、雲南省等七省區的藏族、蒙古族、土族等族群。此外，在中國境外的尼泊爾、不丹、印度、巴基斯坦、蒙古和俄羅斯等國也有流傳。

《格薩爾》敘述了英雄格薩爾一生的神聖功業，以其獨特的串珠結構，融匯了眾多神話、傳說、故事、歌謠、諺語等，形成了氣勢恢宏、篇幅浩繁的「超級故事」。在長期的口耳相傳中，還出現了抄本和刻本。目前所見最早的抄本為十四世紀的《格薩爾姜嶺大戰》，最早的刻本是一七一六年北京出版的《十方聖主格斯爾可汗傳》。迄今有記錄且內容互不重疊的史詩詩章有約一二○部，僅韻文部分就長達一百多萬詩行。目前這一口頭史詩仍保持著不斷擴展

▲ 格薩爾大王雕塑

的趨勢。

　　作為史詩最直接的創造者、傳承者和傳播者，藏族史詩藝人因傳承方式的不同分為多種類型，演唱形式具有多樣性，通常採用傳統的「伯瑪」說唱體，散、韻兼行；除了使用八十餘種演唱曲牌對應於不同的語境外，藝人們還運用語調、聲腔、表情、手勢、身姿等表演性技藝，從多方面體現出口頭敘事的藝術魅力。

　　史詩和當地社區的傳統民俗活動和生活儀式密不可分。人們在誕生禮、成人禮、婚禮、葬禮等人生儀禮上，通常都會邀請藝人表演特定的史詩段落，如在誕生禮上演唱格薩爾王從天國降生的段落，喪禮上則演唱格薩爾王功德圓滿、回歸天界的段落；在傳統節日慶典上，通常也會有史詩藝人演唱助興，如在藏族賽馬節上演唱格薩爾王賽馬奪冠稱王的段落。史詩除了全面反映苯教的萬物有靈宇宙觀及其宗教儀軌，如祭神、驅鬼、占卜等外，其表演本身就伴隨著諸如煙祭、默想、入神等獨特的儀式實踐。史詩演唱不僅是牧民們與英雄、神靈、祖先和族群溝通的主要手段，也是鄉土社區的主要娛樂方式。

　　史詩說唱是相關族群傳承其自然知識、宇宙觀和歷史記憶的重要途徑，也是當地社區民眾了解歷史、汲取傳統、接受教育的重要手段。史詩廣泛涉及藏族、蒙古族等民族的天文、地理、譜牒、動植物、醫學、工藝等方面的知識，演述中穿插著眾多的「讚歌」，如「山讚」「河讚」「茶讚」「馬讚」「刀劍讚」「盔甲讚」等，回溯著藏族民眾關於自然萬物的經驗知識和先民的文化創造。此外，在史詩流傳的雪域高原上至今分布著數以百計的格薩爾人文風物遺址，回應著本土觀念中關於人與自然和生態環境的認知和互動。

　　正如藏族諺語所說：「每一個藏族人的口中都有一部《格薩爾》。」史詩說唱傳統在一定意義上是地方性知識的彙總──宗教信仰、本土知識、民間智慧、族群記憶、母語表達等，也是唐卡、藏戲、彈唱等傳統民間藝術創作的靈感源泉，同時也是現代藝術形式的源頭活水，不斷強化著人們尤其是年輕一代的文化認同與歷史延續感，因而格薩爾史詩堪稱傳統民族文化的「百科全書」。

第二節　起源：社會與文化語境

　　一部活態史詩由藝人、文本和語境三個要素組成，並且三者時常處在關聯和互動中。三者中，文本是相對穩定的一個體系，它一經形成，在一定的時期內便會超越歷史和意識形態而存在。語境是藝人及其話語文本賴以產生和發展的特定社會的關聯域，它是其中易變、活躍的一個層面。藝人是橫亙在文本和語境之間的另一層面，它既是語境的接受者，也是文本的創編者。語境的變遷首先會反映在藝人身上，而後即會體現在文本上。活態史詩的興盛衰敗，與三者內在的結構性互動有著極大的關聯。格薩爾作為一種活態史詩，「活」字指涉藝人的現場演述和史詩文本創作的動態現象，而且也指史詩賴以生存的社會文化語境的鮮活性。這種語境為藝人代際傳承提供了一種鮮活的空間，也為藝人的創作和演述提供了靈感、生命價值和道德空間。

　　西元九世紀，吐蕃王朝滅亡，整個藏族地區處在分裂割據狀態，地方勢力各自為陣，紛紛建立了地方政權，並從印度輸入了不同流派、不同門類的佛教思想和文化成果。各種思潮風起雲湧，大有「百家爭鳴」的態勢。這場文化復古運動先從安多藏區（現今的青海西寧附近）向西藏腹地傳播，然後又從衛藏等藏區腹地向外擴張，形成了整個藏族地區內外聯動、邊緣與腹地合流的佛教文化復興運動。由於當時沒有統一的意識形態引領，藏區的思想文化氛圍極為寬鬆。在這種語境下，寧瑪、噶舉、薩迦、格魯和覺囊等宗派如雨後春筍應運而生。面對強勢和主流化意識形態以書面文化至上的佛教傳統，民間文化被排擠在邊緣。民間文化的邊緣化為史詩帶來了精神的原創性。

　　有學者提出了文化的「邊緣活力」概念，認為邊緣化可能使該種精神文化無法進宮加爵，但它可能在成規相對稀薄、禁忌相對較少之處，獲得精神的原創性或精神創造的自由度。邊緣化使《格薩爾》在民間生了根，並保持著多種鮮活文化因素的哺育，推動著藝人心魂繫之的天才創造。

在歷史上，長江、黃河和瀾滄江地區一直處於藏文化的邊緣地帶，但是這裡卻是民間文化最純正的沃土。當佛教的潮流幾乎席捲了整個藏區，佛教化的理性思想被定於一尊之時，這一邊緣地帶的佛教勢力依然相對薄弱，人們的神話思維亦未被理性和經驗知識所肢解，成為史詩賴以產生的思維基礎。這裡的民眾在一種超驗的想像和神話性思維形態中延續著人類古老的詩性智慧。這種隱喻性、想像化的詩性思維使這裡的人們擺脫了有限的桎梏，享受著無限與自由。憑藉這種精神和思想上的自由度，民間文化的邊緣化為史詩帶來了精神的原創活力。因此，三江源這一以牧業文明為主的地區成為《格薩爾》史詩創作的活水源頭。

今天的《格薩爾》文化形成了兩種不同的流傳區域。一個是以三江源地區為主的「核心流傳區域」，另一個是隨著文化和商業的往來流傳到非牧業地區，包括藏區的農業地區和城鎮地區，並且一直流傳到蒙、納西、土、裕固等民族，以及中國周圍鄰近國家和地區，如不丹、錫金、尼泊爾、巴基斯坦、蒙古、俄羅斯的卡爾梅克和布里亞特共和國等，這些國家和地區可以稱為「格薩

▲ 藏經閣中的佛教文本

爾文化輻射區域」。核心區域和輻射區域互為映襯、互相連繫，形成一個跨地域、跨民族、跨國界的巨大的格薩爾史詩帶或格薩爾文化圈。邊緣化意識形態是一種最具活力、最富爆發力和創造性、同時具有挑戰性和反叛性的意識形態。邊緣化使《格薩爾》由原來有限的幾部，不斷蔓延，拓章為部，部外生部，僅降妖伏魔部分就衍生出十八大宗、十八中宗、十八小宗，盡情地吸收整個民族的豐富智慧，終在篇幅上長達百部以上。如果過早地把它完全文字化和經典化，就不能做到這一點。

在西元十一至十二世紀，佛教從西藏腹地開始向邊緣地區蔓延。地處邊緣並仍然生活在部落時代的黃河源頭各部落，在強大的「泛佛教化」的潮流面前，也先後成為佛教的信徒。自十五世紀以後，在這些地區陸續出現了寺院和僧人，以及供奉他們的教民和信徒，與本土文化截然不同的佛教文化從無到有，由少到眾。在這樣的語境下，人們的注意力和興趣也從原來崇尚英雄、祈

▲ 藏戲《格薩爾》

▲ 青海省果洛州達日縣格薩爾王獅龍宮殿內的格薩爾王三十員大將雕塑（部分）

求格薩爾、吟誦格薩爾業績逐漸變為向佛教三寶頂禮膜拜。大眾說唱傳統退至幕後，史詩的全民性接力活動由此受到挫傷。史詩原有傳統遭受的挫敗，使整個族群更加主動迎合佛教化，最終成為史詩佛教化的助推力量。

　　邊緣化本是格薩爾史詩產生的外因和動力，正因為在邊遠地區尚未建立起佛教的規約，思想自由、學術環境寬鬆，才使數千年的民間智慧以格薩爾這樣一個人物的歷史事蹟為線索形成了集大成局面。然而，格薩爾史詩後來在正統文化中被邊緣化，對於史詩來說是一種消極的因素，它使史詩始終與作為主流話語出現的佛教文化相隔離。佛教的至上權威使佛教自身成為其他一切文化形態比附的對象和目標，迫使它們歸宗佛教，屈服於佛教主流化意識形態。面對佛教的強勢話語，史詩格薩爾則不得不採取折中和格義的措施，成為佛教的附庸。佛教化史詩亦由此產生，從當初被動接受，到後來主動攀附，逐漸形成了更廣泛意義上的史詩佛教化局面。

▌第三節　故事歌手

《格薩爾》史詩歌手，也叫《格薩爾》說唱藝人，在藏語中稱「仲巴」或「仲肯」，意為說唱故事的人。《格薩爾》說唱藝人大致上分為以下幾種類型：掘藏、智態化、圓光、神授、頓悟、聞知和吟誦等。除了「聞知類」和「吟誦類」藝人與世界其他史詩的傳承形態有共同之處外，其他幾種為藏族史詩所獨有。他們分別植根於不同的藏族思想文化土壤中，卻都伸向了敘事文學的創作領域。「神授」在藏語中稱為「巴仲」（bab sgrung），意為「神靈啟示的故事」，似乎與民間宗教中的「神靈啟示」有關。「圓光」，藏語稱「扎仲」（pra sgrung），類似宗教占卜者在預測未知事物時所應用的預言術。而「掘藏」在藏語中稱為「代仲」（gTer-sgrung），與藏傳佛教（主要流行於寧瑪派）中的掘藏傳統或伏藏傳統有根脈關係。「頓悟」，在藏語中稱為「朵巴釀夏」（rtogs pa nyams shar），即「覺悟體驗的豁然性或同時性」。

根據粗略統計，目前在藏區還有一六〇多位不同類型的藝人，主要生活在三江源地區，包括西藏那曲、昌都，四川省德格、石渠、色達，青海省果洛藏族自治州、玉樹藏族自治州以及海南藏族自治州，甘肅省瑪曲縣等地。藝人的產生和演變是一個歷史現象。在《格薩爾》史詩誕生的早期，即在西元十一世紀左右，《格薩爾》的吟誦和

▲ 那曲牧區的仲肯在演唱《格薩爾》。

傳唱是全體部落成員共同的行為，用集體記憶來延續這部史詩的生命。對英雄格薩爾的業績的崇敬和頌揚是部落成員們共同進行的一項主體性活動。在這樣的語境下，史詩的傳承表現出集體記憶的特點。在集體記憶時代，《格薩爾》的創造語境又表現為非理性或神話思維，藝人為部落全體成員，集體記憶作為其傳承空間和載體而存在。在《格薩爾》史詩誕生的早

▲ 那曲格薩爾説唱藝人次仁占堆

期，不曾出現專司演述史詩的藝人。有諺語曰：「嶺國部落每一個成員嘴裡都有一部格薩爾。」他們正如一群朝聖者，認為自己是格薩爾的子民，演述和吟誦格薩爾故事是他們與生俱來的義務和責任。因此，他們將史詩的演述和傳誦

▲ 格薩爾説唱藝人昂仁

◀ 第十世班禪大師接見藝人
扎巴老人。

視作生活的一部分，是通向意義世界的重要途徑。將自己的命運不自覺地和
《格薩爾》史詩連繫在一起。他們對史詩的吟誦和崇尚英雄是堅定不移的，從
而也不自覺地建構起《格薩爾》吟誦者這樣一個集體的身分。

　　西元十四至十五世紀，在藏族地區由於「泛佛教化」思潮，尤其是思辨和
理性思維的興起，詩性思維和神話思維開始退卻，史詩的演述傳統在部落內部
逐漸失去了普遍性，佛教僧侶或准信徒開始以藝人身分參與到史詩創作活動
中。他們各自帶著不同的宗派思想，在特定的意識形態維度中演述著這部史
詩，使之自覺或不自覺地帶上了各自教派的觀點。藝人們偏離了民間智慧的創
作規律，在佛教意識形態的維度中履行史詩的演述和傳承義務，對這一民間大
眾智慧進行佛教化改造。史詩演述開始成為少量說唱藝人的專利，也改變了以
往那種以集體性記憶方式傳承的路徑，藝人的集體性身分開始分化，初步確立
了藝人的佛教化身分，陸續出現了掘藏、圓光、神授、智態化、頓悟、吟誦等
類型的個體性藝人類型。佛教化身分的確立標誌著史詩藝人進入半職業化階
段。這種從集體記憶向個體記憶、從集體性身分向個體性身分的轉變，反映出
人們對史詩的認同和弘揚從不自覺走向自覺。在集體記憶時代，演述《格薩

▲ 吟誦藝人才忠

▲ 圓光藝人才智在說唱《格薩爾》。

▲ 青海省玉樹藏族自治州藝人達瓦扎巴在演
述《格薩爾》史詩。

爾》是大眾或部落成員不自覺的一種共同行為。在進入個體記憶階段之後，面對人們紛紛皈依佛教、集體記憶敗落的大潮，藝人身分的建構就成為了一種自覺行為。此時，藝人的演述活動開始功利化，旨在為特定的宗派利益服務。隨著史詩演述者的身分從集體轉變為個體，這種自覺意識基本出自少數有識之士，只有這部分部落成員才會有意識地扛起史詩演述的大旗。此外，藝人的身分也朝向另一個路徑發展，並隨著社會文化的變遷而改變。上世紀七八十年代以後，中國對民族民間文化的搶救、蒐集和整理工作給予了極大投入。在北京及全國主要的《格薩爾》史詩流傳地區建立了《格薩爾》的搶救、蒐集、整理和研究的專門機構。自古以來一直在偏遠山區雲游四方、吟誦《格薩爾》的眾多半職業化藝人從此走到歷史的前台，一批優秀的藝人被吸收到相關文化機構，成為職業《格薩爾》藝人。

二十世紀後半葉，隨著後現代主義浪潮的興起，工業化、都市化

和後現代消費文化觀念逐漸深入人心。在文學藝術領域，一批高舉大眾文化旗幟的人士（其中既有民間傳承人也有知識菁英層），開始以菁英文化模式改造大眾文化，並使其進入傳統社會機制下的主流話語系統，從而出現了「草根知識」經典化的傾向。這種菁英文化與大眾文化日益趨同，不僅影響

▲ 掘藏藝人格日尖參

著人們的知識體系，而且也影響了人們的審美趣味和消費取向。藏族地區藝人面對全新的社會語境及後現代文化思潮，在適應都市生活的同時，他們的思維方式和精神生活也日趨「都市化」，他們對於史詩的演述活動也開始從朝聖者型轉向了觀光者型，其中格日尖參和丹增扎巴的准書面化文本現象、玉梅的「失憶」現象、才讓旺堆的「叛逆」現象均說明了這一點。

近現代文化語境的異化，使格薩爾文化開始走向變異、偏離民間文化規則，表現為一種宏觀性、整體性異化特點。在後現代文化語境中，格薩爾文化表現出具體性、碎片性和結構性異化的特徵，使史詩朝著它的終結化，即「文本化」道路發展。

第四節　文本及其演進

文本是史詩的內核。它是由群體或個人在特定社會和文化語境下創造的思維成果，具有人類原始文化基因的諸多特點。《格薩爾》在其文本的形成初期就形成了特定的意義模式、故事范型、情節結構和概念系統等文學的內涵，但後來在藏族地區隨著宗教意識形態的產生，它被按照佛教的思想意志而逐漸解構，通過對《格薩爾》中元敘事文本能指的價值解構，形成了所指的意義轉換。在故事主題、故事範型、意義表達等方面產生了凝聚、再造、置換、象徵等話語系統，形成了與佛教的價值觀相適應的文本類型。

根據文類劃分，「《格薩爾》本體文本的發展經歷了三個階段：歷史口傳或英雄傳說階段，以『仲』的產生為標誌，屬完全口頭形態；史詩基本形態形成階段，以英雄下凡、降伏妖魔、安定三界內容的形成為主要標誌，此時，隨著文字的應用部分口頭史詩開始書面化；史詩體系的完善和發展階段，以十八大宗體系的形成為標誌。在口頭史詩占據主要地位的同時，書面化的史詩形態完全形成。」[1]《格薩爾》說唱藝人在演唱時，經常用這樣三句話來概括史詩的全部內容：「上方天界遣使下凡，中間世上各種紛爭，下面地獄完成業果。」這與古代藏族先民的「三界宇宙觀」相一致，故可以歸納為「天界篇、降魔篇、地獄篇」。不管後來《格薩爾》怎樣演變發展，如同滾雪球，篇幅越來越大，內容越來越豐富，但「天界」「人間」和「地獄」三界的基本結構和框架不變。按照通常的說法，《格薩爾》最初階段只有五六部，由三個部分組成，即：天界篇、降魔篇、地獄篇。較早的一些手抄本以及民間流傳的格薩爾故事，例如《貴德分章本》和《拉達克分章本》等，都包含這三個部分。

1　諾布旺丹著：《藝人文本與語境──文化批評視野下的格薩爾史詩傳統》，青海人民出版社，2014 年，第 152 頁。

▲ 四川博物院藏《格薩爾畫傳》

《格薩爾》史詩說唱交替，散韻兼行。儘管具有這種特色的文類在當下的藏族文學中不常見，但它在古代敘事文中極為常見。譬如在《敦煌本吐蕃歷史文書》中，對南詔王前來投奔吐蕃贊普墀德祖贊時的情形這樣描述：

南方之東（下）部，南詔地面，有謂白蠻子者，乃一不小之酋長部落，贊普以謀略封詔賜之，南詔王名閣羅鳳者遂歸降，前來致禮，贊普乃封之曰「鍾」（弟），民庶皆歸附庸，（吐蕃）地域，增長一倍。

閣羅鳳大臣名段忠國者，來至贊普墀德祖贊之帳前，致禮示敬時，贊普君臣引吭高歌，歌云：

「在七重天之蒼穹，
從神境蒼天之中，
降一天子為人之救主，
與一切人眾之地方，
既不相似又不相同，
地方高聳，土地純淨，
吐蕃地方來降生，
為一切地方之眾生。」

「政事從那時起興旺，
他為了救護父輩免受苦難，
投靠天神之子贊普，
天神之子根基鞏固，
風俗純良性格和順，
詔令公正令重如山，
羅鳳獻出了政權，
羅鳳被封為王。」[2]

這種散韻結合、說唱一體的敘事方式當時已經成為藏族敘事文體的主要形式。

除了散韻結合的敘事方式之外，這些敘事文本中也出現了很多程式化的語言。譬如，在《敦煌本吐蕃歷史文書》中又及：發兵攻象雄之王，統其國政，象雄王李迷夏失國，象雄一切部眾咸歸於轄下收為編氓。後，贊普聚眾大論君臣歡慶宴樂，贊普松贊乃作歌。歌云：

「噫嘻！若問贊普是何名？
乃我贊普是也。
這位大臣是何名？

▲ 西藏博物館藏《格薩爾姜嶺大戰》手抄本

2　《敦煌本吐蕃歷史文書》，王堯、陳踐譯，民族出版社，1992 年。

乃布藏藏是也，

藏藏為馴良之馬也。」[3]

▲ 圓光藝人卡擦扎巴所抄寫的《格薩爾王傳》

這種自問自答式的敘事方式是《格薩爾》文本中最典型的敘事方式。「世界上所有古老的文明都在遠古就保留了他們的故事和歌謠，在某些文化中把二者結合起來，並成為經典性的時代傳唱作品的正是史詩。」[4]

在長期的流傳過程中，《格薩爾》出現了「分章本」和「分部本」兩種形式。所謂「分章本」，就是在一個本子裡，包括上面說的三個部分，從頭講到底。《格薩爾王傳》（貴德分章本）、《格薩爾王傳》（拉達克分章本）、《嶺·格薩爾》，都屬於這一類。藝人在說唱時，也有這樣說唱的。經過民間藝人不斷的加工創造，情節不斷發展，內容日益豐富，人物日益增多，藝術上日趨成熟、精美，其中某些部分就逐漸分離出去，獨立成篇。這樣的一部故事，藏語裡叫「宗」，也就是「分部本」。通常說《格薩爾》有多少多少部，指的就是這種「分部本」——「宗」。

從結構和形式上分析，《吉爾迦美什》《伊利亞特》《奧德賽》《羅摩衍那》《卡勒瓦納》等世界上著名的史詩，都屬於「分章本」。「分部本」是《格薩爾》一種特殊的流傳形式。此外，還有很多種異文本。

所謂「異文本」，就是同一個部本，包括「分章本」和「分部本」，有不同的唱本和抄本。這種「異文本」，少則一兩種，多則有好幾種，甚至幾十種

3　《敦煌本吐蕃歷史文書》，王堯、陳踐譯，民族出版社，1992年。

4　葉舒憲：「史詩譯介的里程碑——評譯林出版社的世界英雄史詩譯叢」，《中華讀書報》，2003年10月15日。

不同的版本。如《英雄誕生》《賽馬稱王》《霍嶺大戰》等在整部《格薩爾》裡比較受歡迎，流傳也廣，演唱的藝人也很多，西藏的扎巴、桑珠、玉梅、曲扎，青海的才讓旺堆、昂仁、古如堅贊、達瓦扎巴等當今著名藝人都經常演唱這幾部。在主要內容、主要人物、基本情節相同的情況下，他們又有各自的特點和不同的演唱風格。這種「異文本」，有地區特點、語言特點、時代特點，還有各個藝人自己獨特的風格。因此，各種優秀的異文本有不可替代性、有自己的聽眾（讀者）圈，有其獨立存在的價值和意義。

▲ 藝人桑珠在說唱《格薩爾》。

下面以《格薩爾》「天界篇」為例，分析這種演變、發展過程：

「天界篇」，開始叫作《英雄誕生》，講述生活在雪域之邦的黑髮藏民遭受深重的苦難；天神發慈悲心，商議如何解救藏民的苦難，決定派格薩爾到人間，降妖伏魔，造福百姓；格薩爾在嶺國誕生，格薩爾的童年生活這樣度過：賽馬稱王，納珠牡為妃，成為嶺國國王等。

諸神在天界議事、占卜的內容在《貴德分章本》裡被列為一章。在其他一些手抄本裡，只有很少的內容，只是簡單地交代格薩爾的身分，說明他「身分高貴」，是「天神之子」，以及他到人

▲ 格薩爾王妃珠牡

世間的目的、肩負的使命，相當於一部小說的「引子」或「楔子」。

後來，這方面的內容越來越豐富。聽眾很想知道「諸神在天界議事」的情況，「天界」在哪裡？主宰「天界」的「神」是什麼神？他們怎麼知道「雪域之邦的黑髮藏民遭受深重的苦難」？為什麼「派格薩爾到人間，降妖伏魔，造福百姓」，而不是派別的神佛？作為「天神之子」，他又是哪個神的兒子？他為什麼有那麼神奇的力量，能夠「降妖伏魔，造福百姓」、拯救「受苦受難的黑髮藏民」？為了回答這些疑問，那些與農牧民群眾有密切連繫而又具有聰明才智和創造力的民間藝人，不斷地創編出各種故事來回答受眾的疑問，滿足他們的好奇心和求知慾。

◀ 格薩爾（唐卡）

◀ 格薩爾賽馬稱王
劇照

於是，從《英雄誕生》中分離出去許多小故事，成為獨立的一部，即《天界占卜九藏》。獨立成篇後，情節有了很大發展，為讀者（聽眾）展現了一個完整的天神世界。內容增加了，情節也更加曲折複雜。上至天國，下至人間，中間還穿插了龍宮的故事。僅這一部又有好幾種不同的異文本。

如果說《格薩爾》史詩是藏族早期部落對自己族群和部落歷史的集體記憶，元敘事故事便是其「事實記憶」，而被解構的文本則是其「價值記憶」。《格薩

▲ 格薩爾（唐卡）

爾》史詩文本的形成不但經歷了從口頭到書面化文本的逐漸過渡階段，而且也經歷了從元敘事文本到被解構文本的演變過程。

歷史的「文本化」是藏族史詩產生的最深層和最根本的原因。它使史詩主人公的真實歷史經過文本化的改造，成為了適合大眾思維特點的神話性文本，經過藝術化處理進而達到了佛教化的目的，將意象、隱喻、神話和象徵等文學技巧應用其中，使史詩文本從歷史的神話化過渡到了神話的藝術化，產生了佛教化史詩文本。《格薩爾》史詩作為藏族口頭文學的集大成，正是從遠古「仲」的文化體系中衍變而來，繼承了「仲」（神話）的諸多功能和特點，同時它也是遠古藏族的詩性智慧的結晶。「隱喻」和「類概念」等藏族原初思維便是仲（神話）得以產生和衍化的濫觴，也是格薩爾文化得以衍生的思維基礎。

在《格薩爾》史詩誕生的早期，格薩爾故事敘述的是他們自己部落的歷

史，這種歷史在一代代牧人和部落成員的集體記憶中經過反覆洗濯、融通，成為被「言說」的對象，並用口頭方式吟誦傳唱，拓篇為部，日臻完善，逐漸形成了今天這種宏大的敘事。這種被人們當作史實存在的史詩，用說唱相結合的方式進行演述，既有「史」的內涵，也有「詩」韻味。史和詩在中國古代有著相同或相近的意思。《虞書》中言：「詩言志，歌詠言。」聞一多將「志」解釋為三種含義：記憶、記錄、懷抱。「詩產生在文字之前，當時專憑記憶以口耳相傳。詩之有韻及整齊的句法，不都是為著便於記憶嗎？所以詩有時又稱誦。」[5]他關於詩、志、史三者的關係以及史志二者又是如何從親緣關係走向分道揚鑣的論述極為精彩。他認為，無文字時專憑記憶，文字產生以後則用文字以代記憶。故記憶之記又孳乳記載之記。記憶謂之志，記載亦謂之志。古時幾乎一切文字記載皆曰志。詩之本質是記事的。古代「歌」所占據的是後世所謂「詩」的範圍，而古代「詩」所統領的乃是後世「史」的疆域。「繁於文采」，正是「詩」的長項和強項，但這恰恰是「史」所忌諱的。因此，後來人們不得不捨棄以往那「繁於文采」的詩的形式而力求經濟，於是散文應運而生。大概就在這時，志、詩才分家。一方面有舊式的韻文史，一方面又有新興的散文史。這樣「詩」便卸下「史」的包袱，與「歌」合作。在起初的「詩」中有很多記事的成分，多以一個故事為藍本，敘述方法保存著故事時間上的連續性。在這個過程中，想像和藝術化的手法起了決定性作用，想像成分越多，「情」的成分就越多，「事」的成分便越少。「情」或藝術化的成分愈加膨脹，而「事」則暗淡到不可再稱為「事」，只可稱為「境」了[6]，這樣便出現了象徵或隱喻性史詩。這正是藏族之所以能夠產生史詩的重要原因。

格薩爾作為一個歷史人物，在「事」與「情」的博弈中，後世的人們圍繞其真實歷史事蹟進行了藝術化再造，逐漸出現了格薩爾的神話性故事文本。我

5　聞一多著：《神話與詩》，上海世紀出版集團，2005 年，第 151 頁。

6　聞一多著：《神話與詩》，上海世紀出版集團，2005 年，第 151 頁。

們在弗蘭克收集的《〈格薩爾〉下拉達克本》中發現了民間故事階段的格薩爾史詩。《格薩爾王傳》（貴德分章本）也反映了格薩爾史詩較早的民間口頭傳統特點。後來，隨著佛教傳入史詩流傳區域，又開始了史詩文本的佛教化歷程。史詩的佛教化是與史詩的藝術化同步進行的。經過藝術化的加工和演繹，《格薩爾》史詩由原來的神話性故事文本發展到史詩的篇章，從有限的幾部神話性故事，拓章為部，部外生部，最終在篇幅上長達百部以上。

▲ 《格薩爾王傳》（拉達克分章本）

說唱形式的書面化、說唱內容的佛教化以及說唱傳統的職業化，是《格薩爾》史詩晚近發展的三大主要特點。其中，頓悟、圓光、伏藏和智態化等不同傳承方式的興起，使《格薩爾》史詩更加色彩斑斕、熠熠生輝。這些傳承方式都源於藏傳佛教的傳統，並且在《格薩爾》的傳承中扮演著極為重要的角色，也是藏傳佛教在西藏的一種特殊的傳播手段。由於這些佛教傳承方式和演述視域的植入，使原本囿於大眾文化疆域中的《格薩爾》開始了史詩佛教化的歷程。原本在故事中作為民族英雄的主

▲ 《格薩爾王傳》（貴德分章本）

人公格薩爾從此成為佛教的附庸，取而代之的是西藏佛教創建者蓮花生大師的高高在上，嶺國英雄們的戰事行動便成為佛教事業的一部分，原始神祇和自然神靈至高無上的地位被佛教的神祇權威所抑制。所謂《格薩爾》的佛教化不是簡單指這部史詩思想內容的佛教化，而是包括說唱藝人的職業身分、史詩傳承方式、故事演述和表達方式等方面的佛教化。伏藏等藏傳佛教傳統的嫁接和植

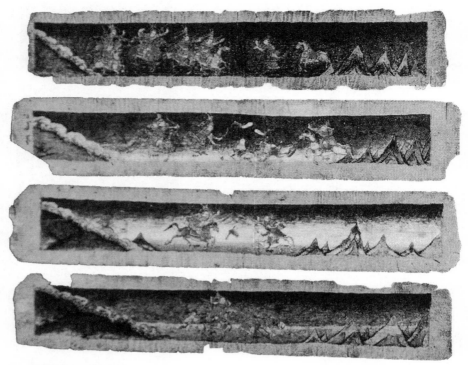

▲ 《格薩爾王傳》彩繪

入，是《格薩爾》佛教化的主要因素，也使《格薩爾》史詩呈現出三個特點：
史詩傳承人的職業化，史詩思想內容和故事範型的佛教化，史詩文本類型的書
面化。其中，佛教化處於核心位置，左右著另外兩項，起初作為佛教護法神而
存在的主人公格薩爾，逐漸成為民眾信仰的本尊神和上師。總而言之，格薩爾
史詩的邏輯發展脈絡可歸結為：發端於「史」，演進於「喻」，完成於「境」。

第五節　搶救與保護

一、《格薩爾》的社會文化價值

《格薩爾》是關於藏族古代英雄格薩爾神聖業績的宏大敘事，是人類口頭藝術的傑出代表，也是藏族母語文化、傳統知識、民間習俗、宗教信仰和文化認同的重要載體，同時也是藏族傳統文化原創活力的靈感源泉。它的廣泛流傳，成為中國族群文化多樣性和人類文化創造力的生動見證。

《格薩爾》具有藏族文化眾多的個性和品質，主要有如下特點：一是世界上篇幅最長的英雄史詩，據不完全統計它共有一百多萬詩行，兩千多萬字，比世界五大史詩的總和還要長。二是至今仍以活形態傳承的宏大敘事，目前能夠吟誦十六萬詩行、八十萬字以上的藝人還有一六〇多位，他們多數為目不識丁卻無師自通的天才藝人。三是傳承類型最為豐富的口頭傳統，有神授、圓光、掘藏、頓悟、智態化等，這些傳承類型均為《格薩爾》史詩所獨有。

《格薩爾》史詩是「表現全民族的原始精神」或「一種民族精神標本的展覽館」，藝人的表演所展示的是這座展覽館中一件件精美絕倫的文物。它們不但具有表達民族情感的作用，也具有民族文化認同、培養審美意識的功效，同時還有傳承民族文化、維繫民族精神紐帶的作用，這些功能歸納起來主要表現在以下幾個方面：

娛樂功能：藏族諺語「嶺國（泛指藏族）每人嘴裡都有一部格薩爾」，說明了格薩爾流傳之廣泛和受藏族群眾喜愛的程度。說唱藝人是《格薩爾》史詩的載體和傳承者。在交通閉塞的高原牧區，民間說唱藝術是牧民重要的娛樂形式。

傳授知識、再現歷史的功能：《格薩爾》史詩反映了古代藏族部落社會發展的歷史，以及青藏高原從分散走向統一的歷史進程。通過藝人的演唱，使人們了解藏民族發展的歷史脈絡及其社會基本結構。

◀ 格薩爾祭祀儀式

　　信仰功能：在《格薩爾》流傳地區，人們往往將自己的祖先追溯到嶺國大王格薩爾那裡，還常常自稱是「嶺國某某人的化身或轉世」。格薩爾是該部落的保護神，敬拜格薩爾是他們世代不變的信仰。對於目不識丁的牧區人來說，藝人所演述的格薩爾故事與自己的生產生活、部落家族息息相關。他們深信，格薩爾確確實實曾經生活在自己腳下的這塊土地上，他及他的將士們的英靈仍活在世間，與自己部落和民族同在。因此，人們把藝人的演唱視為神聖而莊嚴的活動，在說唱前要煨桑，用酒祭祀英靈，更重要的是他們可以用心靈感觸格薩爾的護佑。許多人甚至覺得，唱上幾段格薩爾的戰鬥詩篇，即可化險為夷，還會招財納福。在藏區各地有許多格薩爾廟，供奉有英雄格薩爾的雕塑或唐卡，成為膜拜場所。

　　道德教化的功能：藝人演述的不單單是一段故事、一場戰爭的經過，而是一種精神，它歌頌抑強扶弱、除暴安良、造福百姓的英雄氣概，倡導正義、公正、善良、智慧的社會倫理思想。

　　文化和生態環境的保護功能：為了懷念英雄的豐功偉業，產生了許多風

物遺跡傳說。在《格薩爾》史詩中，格薩爾大王的靈魂永遠駐守在雄偉的阿尼瑪卿雪山；在黃河源頭有三個湖——嘉人湖、鄂人湖、卓人湖，分別被認為是格薩爾史詩中嘉洛、鄂洛、卓洛等三大嶺國部落的寄魂湖。人們堅信，只要湖泊不乾枯，他們就能永遠保持旺盛的生命力。千百年來，生活在這片土地上的人們精心呵護著這裡的一草一木。凡與格薩爾故事有關的自然環境，人們都自覺地加以保護，那裡的生態依然保存完好。

文化創造和靈感功能：《格薩爾》在其千年的歷史發展過程中，不僅是藏族與其他民族交流的主要文化形式，同時它也立足於西藏的神話、故事、民歌、諺語等民間文化的土壤中，為藏族的音樂、繪畫、藏戲、舞蹈等民間文化的發展起到了推動作用，成為西藏當代文化賴以創新發展的靈感源泉。

▼ 格薩爾寄魂山：年寶玉則（又稱果洛山，位於青海省果洛藏族自治州）

▲ 現代格薩爾舞劇

▲ 現代歌舞劇《嘉洛婚慶大典》

▲ 格薩爾馬背藏戲（因在馬背上表演而得名）

舞蹈

在藏區許多寺廟，《格薩爾》中重要的篇章被改編成宗教舞蹈「羌姆」，用以教化信徒，祈禱風調雨順、五穀豐登。每逢正月十五或四月十五，或在雪頓節等節慶期間向信徒表演。這種傳統已有數百年的歷史。另外，在藏區，有很多劇團也以格薩爾命名，比如果洛民間馬背格薩爾藏戲團等。

繪畫

用唐卡形式表現格薩爾的傳統在藏區和蒙古地區由來已久，但多為單幅唐卡，且以純佛教繪畫技巧繪製，這種傳統在人物和情節的再現方面有一定的限制和缺憾。二〇〇三年，四川甘孜藏族自治州德格縣啟動了格薩爾王千幅唐卡繪製工程，在三至五年間依照史詩繪製了一〇〇八幅格薩爾王唐卡，每一幅唐卡都表述了格薩爾王的一個完整故事，最終形成世界上第一部唐卡形式的《格薩爾王傳》。

這是一項由民間人士投資的大型項目，該項目邀請了眾多中國著名的

▲ 格薩爾（唐卡）

「格學」專家、藏學專家作學術顧問，由專家學者撰寫文學腳本。

音樂

　　格薩爾是當今西藏音樂創造中的熱門主題，已經創作的格薩爾曲目有數十首，部分歌曲業已成為藏區家喻戶曉的流行曲目。近年來，在甘南瑪曲縣歐拉鄉美麗的扎西草原每年都要舉行黃河首曲格薩爾文化旅遊節，其間，上千名來自民間的新老彈唱歌手，進行格薩爾彈唱表演，場面壯觀，創造了藏族多人彈唱的新記錄。

　　鑒於《格薩爾》在人類集體記憶、文化創造力和傳承力方面的特殊意義，以及它所包含的原始文化基因對人類原初文明生命力延續所具有的價值，二〇〇六年它被列為第一批國家級非物質文化遺產代表作名錄，二〇〇九年聯合國教科文組織將其列入人類非物質文化遺產代表作名錄，並在文件中作如下描

▲ 《格薩爾》被列入國家級非物質文化遺產代表作名錄。

▲ 聯合國教科文組織將《格薩爾》列入「人類非物質文化遺產代表作名錄」。

▲ 聯合國教科文組織就《格薩爾》列入「人類非物質文化遺產代表作名錄」的函

述：

「中國西北部的藏族、蒙古族和土族社區中共同流傳的《格薩爾》故事，由一代代藝人傑出的口頭藝術才華以韻散兼行的方式用串珠結構講述著格薩爾王為救護生靈而投身下界，率領嶺國人民降伏妖魔、抑強扶弱、完成人間使命後返回天國的英雄故事。在藏族地區，史詩藝人輔以服飾、道具（例如帽子和銅鏡等）說唱。蒙古族史詩藝人則多是師徒相傳，演唱時多使用馬頭琴或四胡伴奏，融匯了好來寶及本子故事的說書風格。史詩的演唱伴隨著諸如煙祭、默想、入神等獨特的儀式實踐植入社區的宗教和日常生活中，如在誕生禮上演唱格薩爾王從天國降生的段落。眾多的神話、傳說、歌謠、諺語等不僅作為傳統的一分子成為鄉村社區的娛樂方式，而且對聽眾起著傳授歷史、宗教、習俗、道德和科學的作用。格薩爾唐卡和藏戲等的產生和發展，又不斷強化著人們尤其是年輕一代的文化認同與歷史連續感。」

二、多重保護實踐

《格薩爾》史詩搶救、保護工作是從上世紀 50 年代開始的。就一部史詩而言，藝人、文本和語境是它的全部要素。近半個世紀以來，國家從這三個方面在《格薩爾》史詩搶救、保護和研究方面做了大量的工作。以社區為基礎、學界為智庫、政府為後盾的三方合力，以多重實踐及其互動模式，切實推進《格薩爾》史詩傳統的代際傳承和社區能力建設，形成了可持續性發展潛力。

在格薩爾文化語境的保護方面，主要以社區為基礎，尊重民間習俗和注重保護《格薩爾》史詩賴以生存的文化語境，在本土文化和社會語境中推進格薩爾文化的保護工作。將《格薩爾》史詩流傳地區命名「格薩爾史詩村」，建立「格薩爾藝人之家」和「格薩爾紀念館」，建立「格薩爾文化生態保護區」，不定期舉行全國性的「格薩爾表彰大

▲ 芬蘭學者在國際《格薩爾》學術研討會上發言。

會」，對於優秀格薩爾藝人和社區給予嘉獎，至今已舉辦三屆。

一九八四年，在成立全國《格薩爾》工作領導小組及其辦公室基礎上，流傳《格薩爾》史詩的各個省區也相繼成立了《格薩爾》領導小組辦公室，有專門的人負責進行《格薩爾》資料的搶救、藝人的保護、學科的建設等工作。經

▲ 藏文《格薩爾》精選本

▲ 德格「格薩爾口頭傳統研究基地」成立。

▲ 西藏大學《格薩爾》搶救辦公室研究人員
在謄錄《格薩爾》文本。

過二十多年的努力，《格薩爾》在人才建設、藝人保護、出版翻譯、國際學術交流上，都取得了非常大的成就。此外，還有一些大學設立《格薩爾》史詩專門研究機構，組織召開學術討論會，創辦《格薩爾》網站、《格薩爾》期刊，等等。

近年來，中國社科院民族文學所和全國《格薩爾》工作領導小組在藏族地區建立了四個「格薩爾口頭傳統研究基地」，並對這些地區進行了長期的田野跟蹤調查，在對當下格薩爾藝人、文本和文化語境的進一步深入研究方面取得了較大的成績。僅就文本而言，迄今從民間收集到的藏文手

▲ 《格薩爾》文本研究成果

抄本、木刻本有二八九種，出版一三五部藏文分部本，蒐集到大量的《格薩爾》唐卡及相關文物，錄製優秀說唱藝人的音像資料近五千小時，等等。二〇一一年，國家又將《格薩爾》史詩的搶救保護和研究納入國家社科基金重大委託項目，並開展對全國的《格薩爾》文本、藝人和相關文化語境普查、登記、立檔和命名工作，建立數據檔案庫。

學術機構的參與進一步提升了民眾對自身文化傳統的認識，增進了政府對民族民間文化價值的認知和支持，也深化了公眾對尊重不同文化的理解。

在格薩爾文化的保護和傳承方面，目前國家還在不斷探索在社區、學界和政府三方互動中實現更為科學、合理的有效途徑。

第三章

書面文學的基本類型
與文本（上）

第一節　作為書面文學媒介的藏文

　　文字的書寫對於文學的傳播與發展至關重要。它改變了口頭文學的傳播方式，使文學原有的聽覺符號變為視覺符號，使語言有形並得以保存。文字的出現使口傳文學時代的文學本體從縱向的歷時性傳播方式變為橫向的共時性傳播，從文學的集體記憶過渡到個體記憶，也從俗文學過渡到了雅文學或經典文學時代。

　　藏民族最早的文字是象雄文。象雄文出現在西元前二至一世紀的古象雄王國。象雄王國是曾經雄霸青藏高原的一個古老王國。其疆域最大時，西起今阿里地區的崗仁波齊，東至今昌都丁青。漢史中所謂「羊同部落」，就是指象雄王國。在西元七世紀被松贊干布吞滅之前，象雄王國一直是一個獨立王國。象雄文字叫「瑪爾文」，它類似漢族的甲骨文。「瑪爾文」主要用於苯教的咒誓、祭祀、禳祓活動和經文記載等。由於受到當時歷史條件的限制，這種文字未能普及，但在藏區一定範圍內，這種文字的使用至少延續了上千年。有資料顯示，吐蕃最初也曾使用過「瑪爾文」。西元七世紀初，苯教的巫師們仍用象雄文來繕寫苯教的經文等。有學者認為，松贊干布最初遣使分別向尼泊爾和唐朝求婚時，書信很可能是用象雄文書寫的。早期的許多苯教文獻是由象雄文翻譯成藏文的。藏文是在象雄文的基礎上，學習克什米爾和印度文字而創製的。眾所周知，因在較長時間裡佛教與苯教間不斷進行激烈的鬥爭，加之後來的統治者推行「崇佛」政策等原因，導致苯教文獻幾乎全部被毀或失散，所留下的文獻資料極為罕見。近年來，國外出版了象雄文詞彙與藏文、英文對照詞典。

　　西元七世紀，藏民族記錄藏語言的統一文字符號系統形成於吐蕃贊普松贊干布執政時期。藏文字的誕生和推廣應用在藏民族的歷史上具有劃時代意義。從此，藏民族的文明史翻開了嶄新的一頁。在中國各民族中，藏民族的文化遺存僅次於漢族，位居第二。

藏族文字是由吐蕃大臣——吞彌‧桑布扎創製。吞彌‧桑布扎生於雅魯藏布江南岸，今西藏山南地區的隆子縣（一說出生在尼木縣）。母親名叫阿拏，父親吞彌‧阿魯是松贊干布的御前大臣。吞彌‧桑布札成年之時，正值松贊干布戎馬馳騁青藏高原，大展其雄心抱負。鑒於民族間政治、經濟和文化交流以及治理朝政的需要，松贊干布深感缺乏文字之不便。在西元七世紀上半葉，松贊干布經過較長時間的準備，決定從數百名有志青年中挑選菁英，為創製文字派往國外學習。最終挑選出御前大臣吞彌‧桑布扎等十六名聰穎俊秀的青年，派遣他們前往天竺等國學習。以吞彌為首的十六名藏族青年不畏艱險，長途跋涉，如飢似渴地四處求學。但長期生活在寒冷高原的學子們終因難以適應天竺的酷熱氣候，其中十三位先後病卒於他鄉。吞彌堅持前往天竺，拜師訪友，受業於天智獅子和婆羅門利敬，學習古梵文和天竺文字，精研佛學。

▲ 藏文創製人吞彌‧桑布扎浮雕

▲ 吞彌‧桑布扎故居前的石碑

吞彌‧桑布扎學成回到吐蕃後，根據松贊干布的旨意，開始精心創製藏文字。他仿照梵文蘭扎、瓦都字體，結合藏語的特點，反覆琢磨，不斷加以改進和完善，終於創製出了適於記錄

▲ 古老的藏文木簡（新疆于闐出土）

藏族語言的一種新文字。根據藏語實際，從梵文的二十六個元音中挑出（i）
（u）（e）（o）四個符號式的藏文元音字母，從梵文三十四個輔音字母中去掉了
五個反體字和五個重疊字，又在輔音字母中補充了元音「啊」，補充了梵語
迦、哈、稼、夏、恰、阿（音譯）等六個字母，制定出四個元音字母及三十個
輔音字母的文字。根據梵文蘭扎字體創製藏文正楷體，根據烏爾都字體創製草
書體。

　　據史料記載，吞彌・桑布札在完成藏文創製後，即撰寫藏文頌詞獻給松贊
干布。松贊干布十分高興，大加讚賞。為了帶動藏區臣民學習藏文，松贊干布
拜吞彌・桑布扎為師，在瑪如宮潛心學習藏文字和他國文化，閉門專修三年。
他倡導全藏上下學習藏文，期盼智慧之蓮盛開。隨著藏文普及範圍的擴大，人
們文化素質的提高，以及廣泛開展文化交流，吐蕃的社會面貌發生了很大變

化。後來，為使藏文的拼音方法準確、規範，吞彌‧桑布扎又根據古印度的聲明論，結合藏文的特點和藏語的表述習慣撰寫了《藏文文法根本三十頌》《文字變化法則》（即《文法音勢論》）等八種文法著作，現今保存的《藏文文法根本三十頌》和《文法音勢論》既是最早的藏文文法經典，又是今天學習藏文時必讀之教科書。吞彌‧桑布扎不僅在語言學、文字學和文法學上頗有建樹，同時還是一位偉大的翻譯家。他翻譯了《二十一顯密經典》《寶星陀羅尼經》和《般若十萬能頌》等二十多部梵文經典，開了藏譯佛經的先河。有很多譯經後來被收入《大藏經‧甘珠爾》。隨後，天竺、尼婆羅、克濕彌羅和于闐等地的佛教經典著作和各種文化論著被陸續譯成藏文，成為藏族文化的重要組成部分和基礎知識。此外，吞彌‧桑布扎還翻譯了中原內地的一些漢文佛教經典和文化論著。

▲ 布達拉宮珍藏的藏文貝葉經

▎第二節　佛經翻譯：書面文學的發端

藏文的創製為藏族書面文學的產生、發展插上了騰飛的翅膀。當然，書面傳統的誕生並不意味著口傳文學就此終結，口承傳統依然對書面文學有著極大的影響。從現有的文獻資料看，那些出自崇尚書面傳統的高僧大德之手的經典著作中，依然不乏口承傳統的因子。與其他文學一樣，浩如煙海的藏傳佛教文學由口承文學、史傳文學（包括歷史文學、傳記文學）、戲劇文學等組成。在一些著名的歷史學著作，譬如《賢者喜宴》《柱間遺教》《蓮花遺教》《巴協》《青史》《西藏王臣記》《西藏王統記》以及《紅史》等傳世著作中都雜糅著口傳時代遺風，神話傳說成為彌補歷史文本和信史遺漏的重要史料元素。因此，口傳與書面一直成為藏族並駕齊驅的兩大記憶方式。

藏族佛經翻譯事業肇始於吐蕃贊普松贊干布時期，它得益於藏文文字的創立。據藏文典籍介紹，早在拉脫脫日年贊時期，佛經就已經傳至吐蕃。松贊干

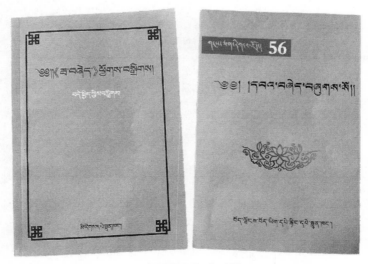

▲　不同版本的《巴協》

布當政以後，苯教文化已經不能適應王朝社會、經濟的發展，而來自域外的佛教文化則顯示出鮮活的生命力。松贊干布從長遠發展目標出發，毅然決定在吐蕃王國進行一次思想變革，果斷引入佛教，佛苯鬥爭的帷幕就此拉開。

▲ 藏文版《蓮花遺教》

佛教並沒有因為有了贊普的支持就迅速傳播開來，相反有很多大臣仍然崇信傳統苯教；在民間，百姓更是對佛經一無所知。在這種情況下，贊普急需將佛教經典翻譯成藏文，以擴大佛經在吐蕃的傳播，實現佛經的本土化。佛經本土化與佛經藏語化幾乎是同時進行的。據

▲ 佛教經卷櫃

《柱間遺教》和《賢者喜宴》等史書記載,當時王國延請了祖國內地、印度、克什米爾、尼泊爾等地僧人,共同翻譯了《寶集咒》《月燈》《寶云經》等經書。

贊普赤松德贊篤信佛教。在他統治時期,吐蕃的佛經翻譯事業達到了一個新的高度。贊普修建了專門的譯經場所桑耶寺,同時派人前往祖國內地、印度等學習漢文與梵文,學成歸來,他們就進入桑耶寺專門從事佛經翻譯。譯出的佛經分別置於秦浦、龐塘和登噶等三個宮殿之中,後來又把這些佛經分別編目為《秦浦目錄》《龐塘目錄》和《登噶目錄》,至今只有《登噶目錄》存世,該目錄收有藏譯經論二十七門,六七百種。四川德格印經院刻印的藏文大藏經,多達四千多種,這些基本上都是從赤松德贊到赤熱巴金八十年間翻譯的。這一時期湧現出許多翻譯家,僅赤松德贊贊普時期的著名譯師就有九人。

▲ 德格印經院(內部)

佛經中的有些詞語或典故難以理解，不同譯者往往會根據各自的想法進行翻譯，結果往往會造成新的誤解。赤松德贊組織「譯語」釐定工作，對翻譯中的專有名詞、術語及文字的書寫方法進行規範，糾正了翻譯與書寫中的某些混亂現象，提高了佛經翻譯的質量與水平。

這一時期出現了很多翻譯作品，主要是從印度佛教經典翻譯過來的，也有一些是從漢文翻譯成藏文的。目前漢譯藏的佛學經典作品有三十多種。其實在進行佛經翻譯的同

▲　《龐塘目錄》（民族出版社出版）

時，其他民族文化的其他方面也被介紹到吐蕃。西元九世紀的著名藏族翻譯家法成，既是一位佛經翻譯家，也是一位宗教活動家。他曾在沙州（今敦煌）和涼州（今武威）一帶從事譯經與講經活動，他精通漢文，曾經將不少藏文經典翻譯為漢文，也將不少漢文經典翻譯為藏文，如《賢愚因緣經》就是他依據漢文本、並參照梵文本譯為藏文的。法成為藏漢文化交流事業作出了巨大貢獻。《解深密經疏》是玄奘弟子圓測所造，漢文本遺失，好在當時法成將其譯為藏文，完整地保存在了四川德格版《大藏經總目錄》中。

佛經作品的翻譯，不僅僅是宗教傳播活動，更是一種文化交流和文學傳播活動，其影響是多方面的。在翻譯佛經的同時，其他民族醫藥、工藝、語言、史傳、歷算與文學等方面的知識也被介紹到吐蕃，促進了不同民族文化的交流與融合。就拿文學來說，《巴協》的《金城公主的傳說》中有二妃奪子的情節，與《賢愚因緣經》中《檀膩羈品第四十二》所記阿婆羅提王審案故事有相似之處。這樣的例子還有很多。由於吐蕃王室的大力支持，許多人參與到這項事業中來，逐漸轉變成一種民間自覺行為。翻譯事業的發展是以文化知識水平的提高為前提的，從而在一定程度上帶動了吐蕃文化事業的發展，在社會上逐

▲ 彩繪木雕夾經板

步形成了一個以佛教經典翻譯為主要工作的知識菁英階層。這對於日後藏族文化的發展走向及形態具有重要影響。藏文的大量使用自大譯佛經時代開始，不僅因此普及了藏語文字，而且藏文的寫作也日臻成熟。

▍第三節 佛經文學

佛教是崇尚書面傳統的宗教。作為書面傳統的集大成者，《藏文大藏經》不僅是一部宗教經典，也是一部百科全書，其內容極為豐富，涉及邏輯學、語言學、文學、醫學等。《藏文大藏經》分為《丹珠爾》與《甘珠爾》兩個部分，前者主要是佛說經典的翻譯，後者主要是論著的翻譯。

▲ 新版《藏文大藏經》

西藏佛經文學主要就是指《藏文大藏經》中的文學作品。佛經文學作品主要保存在《甘珠爾》中的「諸經部」和《丹珠爾》中的「讚頌部」「本生部」「修身部」等。這些作品多講述

▲ 藏經閣

釋迦牟尼一生事蹟及歷世修行的本生故事，儘管意在宣揚佛教文化思想，但是這些作品文學色彩濃厚，語言優美，措辭精巧，有情有景，形象生動，因而也就被納入文學研究範疇。《藏文大藏經》中的文學作品主要有寓言故事、詩歌、傳記與戲劇等，其中佛經故事最多。

佛經故事主要通過故事的形式闡發佛教教義，主旨無外乎布施、持戒、苦行、利眾及因果報應等。比如，將玄奧的因果報應思想闡釋為樸素的「善有善報、惡有惡報、行必有報」的人生道理，將看不見、摸不著的思想認知問題轉

化為可以效仿的可見行為，使教義更直白、更顯性化。佛經故事的內容豐富多彩，有神龍魔怪，也有羅剎夜叉，上天入海，情節生動，趣味十足。例如，《賢愚因緣經》裡有這樣一個故事《婆羅門檀膩羈》：一位貧窮的婆羅門檀膩羈借了一頭牛，還牛時牛丟了，主人讓他賠，並拉他去見國王。在路上，他幫人擋馬打斷了馬腿，逃跑時又壓死一位織布工，過河時使一位過河人丟了斧頭，去酒店壓死了店主孩子，人們要求檀膩羈賠馬、賠斧頭、賠人。國王認為雙方都不對，並讓檀膩羈去做女店主的丈夫，然而告者不願，但最後所有案子都和解。檀膩羈不僅沒有受罰，而且還過上了幸福生活。故事十分風趣，在藏區民間流傳甚廣，深受喜愛。

傳記與歷史傳說主要存在於《甘珠爾》部，諸如《方廣大莊嚴經》與《佛出世經》等，講述了釋迦牟尼佛一生的經歷——修行、傳教，受尊「佛陀」。這些佛經看似傳記，實則是將歷史人物神化後的傳說，有些乾脆就被演繹成了神話。在《佛出世經》中，對釋迦牟尼的出世描寫突出了佛祖降生時的奇幻色彩。在描寫釋迦牟尼佛力大無比時，突出了釋迦牟尼佛的神通，令人頗感離奇

▲ 佛本生故事（夏魯寺壁畫）

▲ 金汁寫本《丹珠爾》

之美：「菩薩坐在馬車上，伸出一條腿，用大腳拇指挑起大象，扔將出去，大象越過七條灘、七條溝，在離城一俱盧舍的地方落下，大象落下時還將地砸了一個大深坑。」

《丹珠爾》中收集有敘事詩、抒情詩、格言詩與讚頌詩等。在《丹珠爾》本生部裡，如馬鳴的《佛所行贊》用長篇敘事詩歌的形式敘述了釋迦牟尼一生的事蹟與本生故事，藝術水平很高，是一部不可多得的傳記詩歌。《佛所行贊》的作者馬鳴是古印度著名的佛教理論家、詩人、戲劇家。這首詩辭藻華麗，詩律講究，大量運用了譬喻，形象生動，對人物形象的描寫尤為成功。中國唐代僧人義淨曾讚譽：「意明字少而攝義能多，復令讀者心悅忘倦，又復纂持聖教能生福利。」

《雲使》是抒情詩歌的代表之作，約於十四世紀被譯為藏文。這首詩描寫的是被貶謫的藥叉十分思念自己的妻子，托雲轉達自己的相思之苦，並安慰妻子不久就可以團聚。詩中對景物的描寫讓人如身臨其境；對人物心理的描寫也極為細膩真切。詩中寫道：

「雲啊！你到達時如果她正在安睡，請你別發聲響，陪伴她一個時辰，別讓她在難得的睡夢中得到我時，又立即從那嫩枝般手臂的緊抱中離分。纖弱的身軀更加消瘦，心中悲痛加淒愴，淚珠兒滾滾不斷線，思念之情更增添，頻頻嘆息焦灼不安，長吁短嘆倍傷懷，幸福被厄運阻隔在遠方，只把它相印在心田。」

這首詩對夫妻情意的描寫纏綿悱惻，修辭技巧高超，內容高雅，浪漫主義色彩濃厚，藝術成就很高，是梵文古典詩歌的傑作。

　　戲劇是印度古典文學的重要組成部分，在《丹珠爾》中收有兩個劇本，分別是《龍喜記》與《世喜記》。據說，《龍喜記》的作者是古代印度的戒日王，它約在十三世紀時被譯為藏文。這是一部六幕劇，講持明仙國的雲乘王子戀愛結婚、捨身救龍、自願餵大鵬並調伏大鵬的故事。本劇意在宣揚佛教慈悲為懷、捨身救眾生的「菩薩行」。《世喜記》是一部五幕劇，內容講述祖那諾布國王以身飼羅剎、布施妻兒和「頂髻寶」的故事，意在宣揚佛教的布施功德。

　　佛經文學作品內容豐富，具有很高的藝術水平，為藏族文學提供了多方面的滋養。藏族文學的很多大師都是高僧大德，他們諳熟經書，能夠將這些作品信手拈來，運用到自己的文學創作中。弘揚宗教的主題及浪漫主義的創作手法，幾乎都被後世的藏族文學家們所繼承。藏族文學家大量吸收佛經文學中的典故來豐富自己的創作，將佛經中的故事或典故改編為藏民族自己的文學作品，如藏戲劇本《諾桑王子》就改編自《菩薩本生如意藤》中的《諾桑本生》，藏戲《智美更登》則由《聖者義成太子經》改編而成。佛經文學的韻散結合體

▼ 佛經印刷版

▲ 金汁寫本《八千頌》佛經

也被藏族學者所效仿。即使民間文學的「巔峰之作」《格薩爾》史詩也以韻散結合體的形式得以流傳。佛經文學善用譬喻來說理，很多高僧大德借用這種手法，創作出了很多著名的格言詩歌。例如，貢噶堅讚的《薩迦格言》就是參考借鑑了《丹珠爾》中的七部格言詩創作的。佛經文學使得藏族文學的體裁更加多樣化。在本生經的影響下，很多教派紛紛為本教派的高僧大德撰寫傳記，從而使傳記文學成為藏族文學的一大特色。

第四節　歷史文學

元明時期是藏族歷史著作大量湧現的時期，如《善逝佛教史》《紅史》《西藏王統記》《青史》《智者喜宴》和《布穀之歌史》（即《西藏王臣記》），等等。這些歷史著作文學色彩較為濃厚，也是西藏文學的組成部分。

▲　一九八四年版《青史》

（一）《紅史》

《紅史》，意為「紅色的史書」，是藏民族現存最早的一部歷史著作。該書的作者蔡巴·貢嘎多吉，為人勤勉，學識淵博，在宗教、政治與學術領域都有相當成就。他五歲時就學習藏文，後來精通噶舉派教法和顯密經典。十五歲時被委任為蔡巴萬戶長。十七歲時，謁見元帝，獲賜。他後來又研究那塘版《甘珠爾》和藏地經論，編撰了藏文《甘珠爾》經二六五函，被稱為「蔡巴甘珠爾」。除此之外，貢嘎多吉撰有其他傳記作品，諸如《莫朗多吉傳》等。

《紅史》於一三四六年開始編撰，成書於一三六三年，多種手抄本傳世。東噶·洛桑赤列曾對國內外多種版本進行校勘。他校注的《紅史》分為四個部分，第一部分記述印度古代王統與釋迦世系；第二部分記述了漢地歷代皇帝事蹟；第三部分記載了蒙古王統；第四部分內容最多，記載了吐蕃王統、薩迦與噶當等教派的源流、世系等。《紅史》是一部著名的史學著作，其文學價

▲　漢、藏文版《紅史》

▲ 刻在石頭上的文獻

值同樣熠熠生輝。書中記述了「驢耳皇帝」的故事：武則天生下長著驢耳朵的皇子，覺得丟臉就派人將其殺死，但是一位吐蕃大臣保護了皇子，悄悄養了起來。女皇擬立族侄武三思為帝，試探大臣態度，並將那些反對的大臣全都殺掉。聰明的吐蕃大臣將計就計，抽出寶劍將武三思殺掉，聲稱自己是遵照女皇意思而為之，女皇也拿他沒有辦法。女皇駕崩以後，原來那位驢耳朵皇子被擁立為皇帝，稱為「驢耳皇帝」。儘管與史實有出入，卻極具故事性與趣味性。《紅史》敘述的西夏王國形成故事，語言簡潔明快，少華麗辭藻，情節離奇，是一個極富想像力的神話故事。《紅史》是藏族歷史上一部難得的史學價值與文學價值兼具的經典著作。

（二）《西藏王統記》

《西藏王統記》又譯為《王統世系明鑑》，據說作者為西藏薩迦派大德索南堅贊，成書於一三八八年。該書內容涉及世界起因、人類誕生、佛祖弘法、吐蕃諸王及漢藏關係等，是一部融歷史、宗教、哲學與文學為一體的經典之

作。索南堅贊不僅是一位出色的史學大家，還是一位具有非凡藝術才華的散文家與詩人。在藏族歷史文學中，《西藏王統記》稱得上是一部經典之作。

索南堅贊不但善於史學敘事，而且也長於散文與詩歌創作，其文學天賦和詩性智慧在《西藏王統記》中得到了淋漓盡致的體現。關於人類的誕生，該書用生動傳神的語言講述了一個美麗動人的故事：

一個被觀音菩薩點化的獼猴受比丘戒，派往雪域去靜修。當他在一山洞中修菩提心時，

▲ 藏文版《西藏王統記》

一個岩羅剎女化身的美女來到身邊，要求與它結為夫妻。獼猴執意不肯，岩羅剎女不罷休，花言巧語纏著獼猴唱道：「我成羅剎命中定，見您歡心情慾生，整日不離您身影。我不與您結夫妻，羅剎之妻必將成。每日屠殺上千萬，各晚吞噬眾生靈。羅剎孩兒結成隊，雪域變成羅剎城。所有生靈被吃盡，不如早日隨我心。」獼猴拿不定主意：與岩羅剎女成婚就破了戒，否則就連累無辜。他請求觀世音指點迷津，觀世音告訴獼猴：「你就做岩羅剎女的丈夫吧。」於是他們成婚，生下六道之子，秉性各異。雪域就出現了以獼猴為父、岩羅剎女為母的人類，隨父者，性情溫順善良；隨母者，陰險嫉妒。

除了一些極富浪漫色彩的神話故事以外，書中還記述了大量的民間傳說。該書有一則敘述牧奴隆阿智鬥支弓贊普的故事，以對比的手法勾畫出支弓贊普的愚昧無知和牧奴隆阿的機智聰慧，語言委婉活潑，文字成熟。另外一則「七試迎親使者」更是情節曲折、扣人心弦，讚揚了婚使噶爾的機智與聰慧。這個故事後來被多種藝術形式展現，或繪製成壁畫，或改編為藏戲《文成公主》，成為歌頌漢藏團結的典範。

（三）《西藏王臣記》

《西藏王臣記》的作者是五
世達賴喇嘛阿旺·羅桑嘉措
（1617-1682）。阿旺·羅桑嘉措
於一六一七年生於山南窮結的貴
族家庭，世代為第斯王朝的家
臣。六歲時，被認定為四世達賴
喇嘛的轉世靈童。其後，阿旺·

▲ 藏、漢文版《西藏王臣記》

羅桑嘉措受教於四世班禪、甘丹赤巴和昆頓·班覺倫珠，廣讀經論，習五明之
學，他的豐富經歷與博學為日後從事宗教活動與政治活動打下了堅實的基礎。
一六五二年，他親赴北京覲見順治皇帝，並獲封「達賴喇嘛」。五世達賴喇嘛
一生著述頗豐，既有宗教著作，也有文學作品等。

《西藏王臣記》成書於一六四三年，該書「略於古，詳於今；略於教，詳
於政」，不同於以往的歷史著作，其目的就是要證明「歷代之昏暗，顯當時之
清明」。該書詳細記載了上自松贊
干布下至固始汗期間歷代王朝，史
料翔實，內容豐富，具有極高的史
學價值，已經被譯為英、法、日、
俄、德等國文字。

該書不僅是一部經典史學著
作，還是一部出色的文學作品。作
者在記述歷史人物和事件時，注重
事件的故事性。該書記述了大量神
話傳說，有些與以往記述及民間傳
說版本有所不同。比如，關於松贊
干布迎請文成公主一事，該書提及

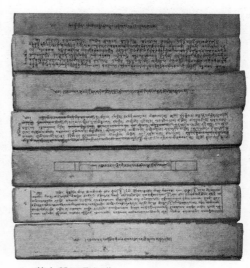

▲ 藏文聲明學經典

前往唐朝提親的是松贊干布的化身，提親的過程則有軟硬兼施的成分。情節或人物的變異，也發生在六試婚使及納囊氏搶奪金城公主之子等故事中。該書通篇採用了偈頌，並與散文相結合，以散文敘述原委，以偈頌抒發感情。行文古典簡潔，用辭典雅華麗，在藏文史著中極為罕見，成為史學書寫與文學表達完美結合的典範。

第四章

書面文學的基本類型
與文本（下）

第一節　傳記文學

▶ 藏文版《毗盧遮
那傳記》

　　藏族傳記文學的產生有其特殊的社會文化背景。佛教傳入後，由於對經典
的闡釋存在差異，出現了不同的派別。這些派別為了傳播教義、擴大影響，就
為對本派發展作出重要貢獻的宗教人士著書立傳，於是出現了傳記文學作品。
這些高僧的傳記多是其本人在聞、思、修等方面的體驗，為後來者提供了一種
成佛的正確路徑。在藏語中，傳記（rnam thar）意為「解脫」，與我們理解的
一般意義上的人物傳記無論在功能上還是涵義上都存在較大差異。藏族的高僧
傳記不僅對個人的宗教習得經驗進行記錄，對當時的社會風貌也有展示，多數
傳記作品具有較高的文學價值。傳記文學在藏族文學史中占據很大的比例和極
其重要的地位，據統計達上千種。這也是藏族文學的一個突出特點。

　　在眾多的傳記文學作品中，最為著名的是《米拉日巴傳》《嘎丹嘉措傳》
和《夏嘎巴傳》三部，被譽為藏族傳記文學的三部曲。

　　《米拉日巴傳》是一部影響深遠的傳記文學作品，為國內外的研究者所熟
知，已經被譯為英、法、日等國文字。這部作品是由雅號「後藏瘋子」的噶舉
派高僧桑吉堅贊所著。米拉日巴家境原本殷實，七歲時父親亡故，家產被遠房
伯父伯母竊取，他與母親、妹妹孤苦伶仃，寄人籬下，受盡屈辱。為了取回家

產，報仇雪恨，他外出學習咒術和降雹術，回來運用所學報了家仇，但也害死了不少生靈。米拉日巴深感自己罪孽深重，追悔莫及，於是又皈依佛教大師瑪爾巴潛心學習佛法，以消除自己的罪孽。瑪爾巴大師為了消除他的罪業，故意想出各種辦法磨練他。米拉日巴虔信佛法，經受住了師傅的各種考驗，最終修成正果。作者利用米拉日巴「苦修妙法」「即身成佛」的故事，引導孤苦無助的人們通過遁跡山林、修習佛法來尋得人世的解脫。《米拉日巴傳》也深刻揭露了當時

▲ 藏文手書體《米拉日巴傳》

社會的陰暗面，尤其是對個別宗教人士的偽善進行了無情鞭撻與嘲諷，書中寫道：「在真地的頂瑪村，有一個名叫雜朴巴的大法師，他是一個格西，擁有礦產，勢力強大。他對米拉尊者，表面做出恭敬的樣子，內心卻非常嫉妒。」

該傳記小說在人物塑造上也非常成功。當米拉日巴十五歲時，他的母親向伯父伯母索要被侵吞家產時，伯父伯母齊聲問道：「你的財產？它在哪裡？當初米拉喜饒（米拉日巴的父親）還健在的時候，是我們把黃金、松耳石、犏牛、黃牛、馬和羊供給了他，是他臨走前把財產交還給原主的。我們沒見過你的一丁點兒金子，一捧青稞，一塊酥油，一件衣服，怎麼說起這樣的話來了！他的遺書是誰給寫的？是我養育了你們，沒讓你們這幾個下賤貨死於飢餓的刀鋒，就夠不錯的了！就連這房子也是我的，你們母子給我滾出去！」他們打他

和他的母親。他的母親哭著倒在地上打滾，口中喊道：「孩子的爸爸米拉喜饒堅贊啊，你睜眼看看我們母子的命運吧！你不是說要注目於九泉之下嗎？現在正是時候了呀！」語言就如街頭里巷的對白，將伯夫伯母無端抵賴與胡攪蠻纏的形象特點鮮明地刻畫出來。

《米拉日巴傳》是散文體，穿插一些韻文歌詞，語言通俗易懂，樸實生動。這部傳記作品在思想上、藝術上都達到了新的高度，起到了承前啟後的作用。

藏族文學史上另一部著名的傳記文學作品是《噶丹嘉措傳》，這是一部關於一世夏日倉活佛的文學作品，成書於活佛示寂後二五四年，由青海藏族作家吉邁旦曲嘉措完成。根據傳記記述，大師兄弟三人，皆為活佛，他們的父親是明代青海隆務地區的一位頭人。大師十二歲時，他跟隨兄長曲巴活佛前往拉薩參加祈願大法會，在拉薩的幾年時間裡，跟隨許多著名的上師，還曾先後晉見過五世達賴喇嘛與五世班禪喇嘛。後來，隆務寺改宗格魯派，大師又建成了隆務寺顯宗學院。大師主持隆務寺政的時候，正是該寺的鼎盛時期。三十歲時，大師決定循著佛祖的腳印走進大自然進行苦修。大師為了修成正果遠離塵囂，但這沒有影響他對社會的關注。在修行過程中，他不停思考社會現實問題。面對現實的苦難，他也拿不出濟世良方，於是他更加執著於苦修。他表示：「我的行動雖然並非打開百門而光明畢見之舉，但也要是一帖征服這顆頑心的良方啊！」當他極度困惑時，他就用道歌述說自己的思想，這也許能夠使他的苦悶得到些許宣洩。大師一生一直在苦修、參悟，試圖為蒼生找到一條解脫之道。七十一歲時，他向許多苦修僧分發他的物品和書籍，隨後口吟道歌，讓眾隨從唱和，並說了聲「萬事已畢」。他沐浴、穿戴後，幾宵端坐不動，最後帶著他一生難言的苦衷和作為佛教徒的純真坐化而去。

十八世紀末至十九世紀上半期，在青海出現了一位著名苦行高僧夏嘎巴，他為自己撰寫了一部傳記《夏嘎巴傳》。夏嘎巴自小多才多藝，曾經依止嘉木樣嘉措大師學習佛法，二十一歲剃度出家，二十六歲成遊方僧人，開始了外出

苦修生涯。在雪山曠野，「左顧無主，右盼無僕，住則無事，行則無遺」。漫漫紅塵，什麼都可以忘卻，但他就是不能忘記自己的母親，並寫就《思母歌》。幾年過去了，兒子歸來時，母親已經西去，他看到的是母親的骨頭。夏嘎巴傷痛欲絕，流著淚唱道：「想見一次阿媽面，不是母面見骨面，我想啊，常把阿媽來思念！想好了寬心的話兒甜，要說給阿媽，可她升了天，我想啊，常把阿媽來思念。」作者愧疚於自己不能在病榻前盡為子之孝，用真摯的感情歌頌了偉大的母愛。

除了上述藏族傳記文學三部曲，還有一些作品也具有獨特的藝術風采，諸如《布頓大師傳》《瑪爾巴傳》和《唐東傑布傳》等。總之，藏族的傳記文學作品不同於一般的傳記，因為這些作品裡有很多內容完全是想像出來的，有些事情甚至是違背邏輯的，摻雜了很多神話與傳說，是一種基於歷史真實的藝術加工。這些作品也不同於完全的文學作品，作品中的主人公確有其人，是個歷史人物，傳記有很多真實的內容，因而藏族傳記文學作品是歷史與文學的結合，是事實敘事與想像敘事的完美結合。藏族傳記文學的宗教說教性非常明顯，有些傳記為了增強說教效果還附有道歌。傳記作品的主人公也多是其所屬教派的大成就者，通過立傳將他們塑造為修習典範，使該派教徒修習起來更直觀、更易效仿。

▲ 藏文版《唐東傑布傳》

第二節　伏藏文學

「伏藏」就是藏法的意思。據傳，在吐蕃時期，有些王公將相或在宗教鬥爭中暫時失利的一方，會把一些著作埋藏在某些不易被人發現的地方，諸如神像下、屋柱下或岩洞中，期待日後有緣人將這些埋藏的作品發掘出來，再廣傳後世，這些埋藏的作品被稱為「伏藏」，而取出這些埋藏作品的人士被稱為「掘藏師」。在伏藏作品中，最為著名的是相傳由松贊干布所著的《瑪尼全集》和《柱間遺教》、相傳為蓮花生所著《五部遺教》和《桑耶寺大事記》等。

（一）《瑪尼全集》和《柱間遺教》

據傳，《瑪尼全集》是一部「伏藏」文集，由松贊干布口授，內容是關於吐蕃佛教、松贊干布本生傳及教誡等。該書以第一人稱即松贊干布的口氣行文，因而該書又被稱為《法王松贊干布全集》。該書是由釋迦桑布和竺托吾珠二人分別從拉薩大昭寺的夜叉殿和馬頭金剛像腳下發掘出來的「伏藏」。《柱間遺教》是松贊干布的遺囑之一，是《瑪尼全集》的一部分，但它獨立成冊。據記載，該書是尊者阿底峽得智慧仙女化身「拉薩瘋婆子」指引，從拉薩大昭寺的瓶形柱中取出來的「伏藏」。從書的內容來看，該書大約是十一至十三世紀的作品，顯然是偽托松贊干布之名，真實的作者可能就是「掘藏師」本人。

《瑪尼全集》的內容十分龐雜，大多與宗教相關，但松贊干布的傳說故事及「遺囑」卻具有較高的文學價值。《瑪尼全集》與《柱間遺教》記述了很多藏族古代傳說與神話，諸如神猴同

▲ 藏文版《柱間遺教》

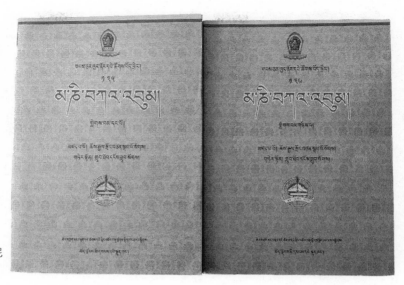

▶ 藏文版《瑪尼
全集》

岩羅剎女結合繁衍後代，十一面觀音變化為馬王菩薩救五百商人出羅剎境，天
神造釋迦牟尼佛像等。在《柱間遺教》中，對聶赤贊普的身世、支弓贊普同屬
下比武被弒、拉脫脫日年讚得天降寶匣等都有較詳細的記述，被認為是藏族最
早記錄古代神話、傳說的一部文學作品。

　　其實，《瑪尼全集》與《柱間遺教》對於同一個神話的記述也不盡相同。
關於藏區起源神話，在《瑪尼全集》中，神猴是觀世音變化出來的，它同岩羅
剎女生下六個小猴，這六個小猴是由六道投生而來，後來就繁衍成藏族最早的
六氏族。《西藏王統記》與《賢者喜宴》均從此說。而《柱間遺教》則記述，
這個猴子是《羅摩衍那》中的猴力士哈魯曼達，是觀世音的化身弟子，岩羅剎
女只生下一個猴子，這個猴子後來又與其他猴子結合繁衍後代。書中還將聶赤
贊普說成是釋迦族的後裔，是天神下凡，這顯然雜糅了佛教與苯教的說法。拉
脫脫日年讚得天降寶匣的傳說，顯然受到了印度佛教神話傳說的影響，是作者
的一種藝術再加工。

　　關於松贊干布的傳說是兩部書的中心內容。以佛經故事的敘事手法，對松
贊干布進行神化，把他描寫成觀世音菩薩的化身，能先知，會變幻。儘管佛教

色彩濃厚，卻極其浪漫。通過對其神化，既進一步樹立了松贊干布的威望，也弘揚了宗教。這種寫作手法為後世藏族學者與文人所傲法。其對後來的傳記文學、歷史文學都有較大影響，也豐富了藏族文學藝術的寶庫。

在《瑪尼全集》的《對臣民的遺訓》中，有大臣哀悼松贊干布的輓歌長詩三篇，以極其崇敬的心情歷數松贊干布勵精圖治的豐功偉績和弘揚佛法、教化藏民的無上功德。這些悼詞運用誇張的手法，把松贊干布去世比作須彌山倒塌、太陽隕落，藏族人民自此失去依怙，就像斷了頭的人、失去眼睛的瞎子一般。作者以飽滿的感情，大量運用比喻、誇張和排比等手法，濃墨重彩地渲染了失去明君的悲痛心情和思念明君的氣氛。語言生動，感情自然真摯，具有強烈的藝術感染力。

這兩部作品在寫作上也很有特色，全書基本上是散文體，間雜少數韻文。文筆流暢，語言較為質樸，很少華麗的辭藻修飾。故事情節曲折，人物刻畫細膩生動，如松贊干布的威嚴、神通，文成公主的聰明博識，尺尊公主的自大猜忌，大臣的足智多謀等，描寫得有聲有色，引人入勝。

（二）《五部遺教》

《五部遺教》記述了從赤松德贊起吐蕃王朝的歷史，本書史料豐富珍貴，是一部有價值的研究西藏歷史、宗教、文化的參考書。該書有較高的文學價值。據說作者是赤松德贊時期從印度請來的蓮花生大師，但從內容判斷，顯然是假托之作。該書的真正作者應該是聲稱發現這一「伏藏」的寧瑪派僧人雅傑烏堅嶺巴。該書發現於一二八五年，一二九二年公布於世。

全書分為五篇，其中以《后妃篇》的文學情趣最濃。《后妃篇》共二十二章，主要講述了赤松德讚的妃子才崩與毗盧遮那之間的戀愛糾葛故事。其他藏文書籍對這個故事也有記載，但只是將其作為佛苯鬥爭的註腳而已。而在本書《后妃篇》中，兩人的糾葛已經完全演變為一種人性的鬥爭，通過對二人性格與價值觀的微觀描述來展現宏大的宗教主題，將玄奧高深的宗教說教與日常生

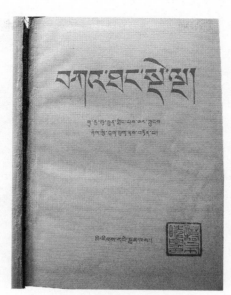

▲ 一九八六年藏文版《五部遺教》

活中的人性鬥爭結合起來。此外，《后妃篇》的文體受到了佛教講唱文學的影響，書中人物的對話和情節的敘述大量運用了韻文，從文學史的角度來看，這是一個很重要的突破和發展。

第三節　詩歌

詩歌是人類最早的文學形式之一，藏族人民自古具有詩性傳統。遠古至吐蕃王朝滅亡時期，被認為是藏族詩歌發展的最初階段。這一時期的詩歌資料一般都來源於敦煌文獻，主要有諺語、卜辭、贊普傳略中的詩歌等。

諺語可以看作一種特殊

▲ 漢、藏文版《敦煌吐蕃歷史文書考釋》

形式的詩歌。敦煌寫卷中發現的諺語稱為「松巴諺語」，有四十則之多，多涉及為人、處事與治家等內容。其中，關於為人處世的諺語：「英雄膽氣壯，不懼怕死亡；賢者智慧高，知識難不倒。」教育子女的諺語：「兒子比父親賢明，猶如火在草坪上蔓延；兒子比父親惡劣，猶如血被水沖走。」這些諺語絕大多數是上下句式，兩句之中，有全是直陳的，有全是比喻的，也有一喻一實的，直陳中含有比喻的，說理形象生動。

敦煌藏文寫卷中，有份七至九世紀間的卜辭，其中比較完整的有三十段。每段卜辭都包含兩個部分，第一部分是詩歌體卜辭正文，第二部分是關於這首詩體卜辭應驗什麼的散文體解釋。卜辭正文內容充實，語言優美；散文體部分卻是吉凶禍福等的解說，文字比較簡練清晰。在大多數卜辭中，詩歌正文與散文解說之間很難找到內在的連繫。儘管這些卜辭是為宗教服務的，卻也反映了當時的社會生活。這些卜辭內容廣泛，有的反映牧業生活，有的描寫青藏高原優美的自然風光，有的歌唱日、月、星辰。這些卜辭從格律上看，基本都是六音節句，結構整齊，藝術手法高超；行文善用比喻，寫人狀物生動活潑，富有

形象性。比如，「啊！野鴨呢色黃碧，點綴呢翠湖綠；哈囉呢花叢生，裝飾呢綠草坪；邦錦呢花燦燦，麝香呢把體健；美麗呢耀眼明，清香呢撲鼻濃。」此卜辭描繪了恬美淡然、充滿生機的高原景貌，文學價值很高。

敦煌藏文寫卷的贊普傳略裡大約有二十多首「說唱體」詩歌，其內容包括君臣盟誓、相約投誠、征戰勝利、贊將帥勇、投奔唐廷等。這些詩歌多涉及王臣的政治活動，可以總稱為政治詩歌，在一定意義上具有「詩史」的特徵，是了解當時社會歷史的一面鏡子。在《支弓贊普傳略》中，有一首描述布代貢傑為父親支弓贊普報仇，消滅了殺父仇人羅昂，找回父親屍體並建墳安葬後唱道：「親人阿爸最親，鳥兒太狂，死在槍尖上，兔子太狂，死在靴鞋上，滅敵，修墳，猛獸無，毛也無！」短短幾句，充分展示了布代貢傑為父報仇血恨、心滿意得的心情。有些學者認為，這是有記載以來藏族最古老的兩首詩歌之一。

據說，吞彌・桑布扎曾創作兩首詩歌獻給松贊干布。從格律來看，這兩首詩顯然是受到了古代印度修辭學著作《詩鏡論》的影響，寫作難度很大，被稱作「難作定韻詩」，也被稱為「年阿體」。這說明桑布扎在當時已經對《詩鏡論》有相當研究。其中一首詩讚頌彌勒佛：「容顏明亮而神采奕奕，教誡深奧而分別傳繼，惡業薰習全部被消除，不敗彌勒純淨而高毅。」另外一首詩讚頌如來佛：「釋迦徹悟真理智，了難唯有禪定寂，克制愚昧聖怙主，三毒魔障全調伏。」

總體來看，這一時期的詩歌在格律上多屬於六音節自由體或六音節多段迴環體；在比喻的運用上，或是物物互喻，或是前段比喻，後段說明本意，技巧較為成熟；內容上，古樸清新，直抒情懷，或描繪牧民的質樸生活和牧野的美麗風光，或反映當時政治生活。這一時期的詩歌有些

▲ 藏文版《詩鏡論》

是民間歌謠，多與人們的生活緊密相聯，占卜辭與政治詩皆如此，頗有內地
《詩經》風韻。

　　十三世紀前期，西藏出現了「年阿體」詩作，薩迦貢噶堅贊就曾用「年阿
體」寫詩。到了十三世紀末期，《詩鏡論》被翻譯為藏文，「年阿體」詩的形
式與寫作方法被藏族廣大僧侶學者所效仿，逐漸成為宗教文人的主要詩歌體
裁。一三四六年，蔡巴·貢噶多吉就以一首「年阿體」詩作為《紅史》的開
頭，開啟了宗教文人在著書立說時普遍使用「年阿體」為引的先河。黃教始祖
宗喀巴不僅是一位宗教領袖，而且也是一位文學家。他也喜好此體，對修辭尤
其講究，堪稱熟練運用「年阿體」進行詩歌創作的文學巨匠。他的《詩文散
集》有一二〇篇，內容主要涉及讚頌、祝願與勸化等，其中讚頌詩最多，讚頌
佛陀、菩薩、先賢與師尊。勸化詩則通過書信形式，運用詩歌體裁，宣揚佛教
觀點，勸化別人按佛教教義為人處事。這類詩歌多採用直陳手法，以說理為
主。

　　用「年阿體」進行詩歌創作，需要很高的創作技法。宗喀巴的文學成就不
僅表現在對詩律的熟練掌握與運用上，他對比喻的運用也極為精到。他靈活運
用比喻來說理勸化，尤其善於運用大自然的景色作比喻來描寫所詠對象。在宗
喀巴大師的筆下，即使那些玄奧精深的佛教思想，讀來也通俗易懂。宗喀巴的
詩，既有詩律「錯采鏤金」的修辭之美，又有借物抒懷的清高淡雅。

　　古代藏族社會開放包容，不同類型的文化在這裡碰撞出新的「火花」，實
現了文化增值。隨著藏族文學藝術的發展，有些人士已經不滿足於詩文的原創
寫作，嘗試根據域外的著名文學藝術作品進行本土化再創作，這充分體現了日
漸成熟的藏族知識分子的文化自信。《羅摩衍那》是古代印度的敘事史詩，早
在吐蕃時期就已經譯成藏文，在此後一些藏族學者的作品中也或多或少出現過
羅摩的故事。隨著羅摩故事在藏區的流傳，有些文人開始重新敘寫和闡釋這部
古印度史詩。十五世紀以後，在藏區就出現了由宗喀巴大師的再傳弟子象雄
巴·曲旺扎巴（1404-1469）用藏文改寫的《羅摩衍那頌讚》。這是以印度史詩

《羅摩衍那》的主要故事情節為內容，運用《詩鏡論》的修辭手法寫成的藏文敘事詩。表現手法豐富多彩，修辭技巧運用嫻熟，體現了作者較高的文學藝術素養。這部敘事詩的詩歌格律具有多樣化特徵，以七音節一句的格律為主，此外還有以九音節、十五音節、十九音節、二十三音節、二十九音節和三十一音節為一句的格律。

二十世紀，在青海同仁地區誕生了一位近代知名學者根敦群培。他的父親是寧瑪派密咒師。十二歲時，他進入格魯派寺院學習佛法，後又到西藏、印度等地學習。他才情橫溢，不僅佛法造詣精深，而且還長於詩歌創作，被推崇為西藏最偉大的現代詩人。根敦群培是一位具有現代思想意識的佛門奇僧。他的詩歌思想性很高。他極具反思性的思想為其贏得了盛名，也招致了災難，因為質疑寺院教材的哲學立場而被逐出寺院。他用詩歌來發洩對部分不道德僧人的憤恨：「我已離鄉背井去他鄉，只因幾個多舌的扎巴，說什麼我本性太狂妄，惹惱護法神將我逐放。你若是尊稱職的護法，為何聽憑歹徒們猖狂？讓他們四處東遊西蕩，販賣茶酒又倒騰牛羊。」隨後，他來到聖城拉薩，進入哲蚌寺學習。由於他的離經叛道，他與他的老師——另一位近代藏族學者喜饒嘉措大師鬧翻，大師稱呼他為「瘋子」。根敦群培一生漂泊，對一直陪伴他的親友非常感激。他到拉薩幾年後，一直陪伴他的堂兄在一次意外事故中身亡。他悲痛欲絕之下題詩：「親愛的童年朋友，照耀著我的半個心臟。當你那年輕的花朵盛開之時，我們的心靈之溪水交匯在一起。你現在可能在六道中的何處？」根敦群培後來到斯里蘭卡等國遊歷，結交了不少國外學者，並幫助他們翻譯了一些藏文經典。在印度期間，根敦群培拜訪了印度文學家泰戈爾。根敦群培是一個憤世嫉俗、擅長揭露偽善的叛逆者，對那些自稱是上師卻為自己聚斂財富的人，極為不齒。根敦群培寫了很多針砭時弊的詩文，他的詩作視角獨特，語言質樸，令人深思。

一九四九年新中國成立後，中國歷史掀開了新的篇章。上世紀五〇年代，藏族社會發生了天翻地覆的變化，這一時期也湧現出了一大批詩人，他們通過

詩歌讚頌新生的中國，毫不掩飾翻身做主人的喜悅心情，無論在內容上還是形式上都有了很大變化。其中最為著名的要數伊丹才讓，他被譽為一位真正的「雪域詩人」。詩人早期創作的詩歌《黨啊，我的阿媽》抒發了對中國共產黨的感恩之情：「黨啊，我親愛的母親，兒子在阿媽的懷抱中長大……巨雷一聲響，翻天覆地，黨的劍劈碎了野獸的世界。」八〇年代，改革開放的春風吹遍了雪域高原，伊丹才讓進入詩歌創作高峰期，出版了詩集《雪獅集》。

第四節　小說

到了十七、十八世紀，經過長期發展與積澱，民歌、詩歌、史傳與話本小說等文學藝術形式有了很大的發展，這為長篇小說的產生奠定了基礎。尤其要指出的是，傳記文學作品對於長篇小說的產生影響最大。這一時期出現了兩部著名的長篇小說：《勳努達美》和《鄭宛達瓦》，這代表著藏族文學的發展邁上了一個新的台階，是藏族文學史發展史上的一座里程碑，開啟了藏族文學史上的「純文學」時代。

▲　藏文版《勳努達美》

《勳努達美》是藏族文學史上第一部長篇小說，是一部既有時代特徵又有民族韻味的作品，作者是藏族作家次仁旺傑（1697-1764）。寫就這部長篇小說時，他年僅二十三歲。《勳努達美》是他的處女作，甫一出手即令人矚目。這部小說敘述了一個美麗的愛情故事。勳努達美王子為了迎娶另一邦國的公主益雯瑪，歷盡艱辛，最終「有情人終成眷屬」。小說塑造的人物形象鮮明，主人公勳努達美勇敢、正義、慈悲，益雯瑪美麗、聰明、堅貞。這部小說是一部現實主義作品，具有很高的思想性。作品鞭撻了封建包辦婚姻，頌揚了戀愛自由。勳努達美為了獲得心上人，並不一味依靠武力搶親或逼婚等暴力手段，而是智取，這種處理方式不僅提升了小說情節的趣味性，還倡導了人道主義思想。小說的結局顯然受到了佛教思想的影響，勳努達美放棄王位，最終成為一位宣揚佛法的宗教人士。由於這部長篇小說並不是為上層社會歌功頌德，而是倡導人性自由，這對當時社會具有很強的解構性，因而沒有得到主流社會的青睞。它長期以來一直在民間以手抄本形式流傳，在藏族知識青年群體中影響很大，被一致認為是一

部思想有深度、藝術水準高的上乘之作。

《鄭宛達瓦》是這一時期的另一部著名小說，作者是十八世紀的一位活佛。故事大意是這樣的：王子自小就虔信佛法，佞臣嚴謝想讓自己的孩子拉尕阿納做王子的侍臣，但是遭到兩位大臣的反對，於是嚴謝就污衊這兩位大臣，國王不分青紅皂白就將他們流放。後來嚴謝之子謀權篡位，並施計冒充王子，僭居王位。而王子卻留在了叢林中為眾鳥布道，後來在高僧的幫助下，將僭居王位的假王子趕走，請回了良臣。王子自己的修習成果也越來越高，終其一生為林中百鳥講法，最終修成正果。這部小說情節較為曲折跌宕，頗具戲劇性，對代表善與惡的主要人物的刻畫也較為成功。

從故事情節及思想內容上來看，這兩部小說顯然受到了佛本生經的影響，宣揚了佛教善有善報、惡有惡報的「因果報應」思想。

十九世紀時，出現了一些動物寓言體短篇小說，這是藏族文學史的一大特色。這些短篇小說以動物為主角，多採用辯論的形式來說理，或諷刺或暗喻，情節曲折，語言詼諧幽默，藝術風格獨特。這些寓言體小說的代表性作品有《猴鳥故事》《犛牛、綿羊、山羊和豬的故事》與《茶酒仙女》等。《猴鳥故事》流傳很廣，深受百姓喜歡：在一座山上，猴子、鳥類與野獸在山上各得其樂，和平相處。不久，平靜的局面被幾隻入侵鳥類領地的頑皮猴子打破，雙方為了爭奪領地唇槍舌戰，儘管沒有戰場的硝煙，緊張卻絲毫不減。說理、耍潑、抵賴、妥協，語言詼諧幽默，情景栩栩如生。這個故事大量運用了比喻、格言和諺語，給文字增添了無限光彩。一般認為，這個寓言故事影射了藏族人民反擊廓爾喀入侵的歷史事件，具有現實主義情懷。這篇寓言小說推崇和平，摒棄暴力，體現了佛教所倡導的和平理念。

《犛牛、綿羊、山羊和豬的故事》是另一篇膾炙人口的寓言小說，作者是一位頗具藝術想像力的高僧。一位富人家裡養了很多牛、豬、羊，一位喇嘛帶著一些小扎巴前來化緣，主人把豬殺了作為供養，而喇嘛視而不見，毫無憐憫之心。第二天，先後來了一位咒師和一位隱士，主人要殺綿羊作為供養，於是

犛牛與山羊就向面善的隱士求情，就綿羊的生死問題隱士與咒師之間展開了爭論，最終咒師被隱士說服，改邪歸正，主人也發誓以後再也不殺生。作者通過這部寓言小說揭露了一些喇嘛僧人的偽善，對他們的剝削行為進行了無情鞭撻。小說運用擬人手法，將不同動物的特徵刻劃得入木三分。

新中國成立以後至上世紀八〇年代，這一時期儘管也出現了一些中短篇小說，但名作較少，主導這一時期藏族文學的主要形式還是詩歌。八〇年代初至九〇年代中期，藏族文壇湧現出一批優秀的中短篇小說，藏族作家群聲名鵲起，他們在若干獎項中屢有斬獲。小說家益西卓瑪、意西澤仁與扎西達娃等就是其中的優秀代表。

益西卓瑪是當代藏族文壇上第一個女作家，她的短篇小說《美與醜》曾榮獲一九八〇年全國優秀短篇小說獎。《美與醜》故事簡單，卻反映了在新的歷史時期藏族社會變遷深層次問題，尤其是現代科學技術對藏族人民的傳統思想所造成的衝擊。此外，益西卓瑪還創作了藏族當代第一部中篇小說《清晨》。《清晨》從一個小農奴的個人成長經歷反映了共產黨的恩情。

意西澤仁是一位多產的作家，屢獲創作大獎，他的作品被譯成日、英、法等文字。他是一位頗具影響力的當代藏族作家。他的小說集《大雁落腳的地方》被認為是當代第一部藏族小說集。他的作品《依姆瓊瓊》揭露了極「左」路線給草原牧民帶來的巨大災難。他借用依姆瓊瓊的眼睛發現「陽光穿破雲層，開始把金色的光撒在了遼闊的草原上」，以此比喻黨的十一屆三中全會的方針政策就像穿破雲層的金光一樣照亮昏暗的草原，新的生活即將來臨。他的《野牛》將歷史與現實完美結合在一起，痛斥了極「左」路線給草原人民帶來的巨大傷痛，具有魔幻現實主義色彩。

扎西達娃是當代藏族文學史上一顆耀眼的明星。他的作品重在對「新」的探求。題材要新，創作手法也要新。讀他的作品總能讓人回味無窮。他著作等身，多部作品被譯為英、德、日、西等文字，在國外也有一定知名度。其代表作是《西藏，繫在皮繩扣上的魂》和《隱秘，西藏歲月》。《西藏，繫在皮繩

扣上的魂》講述兩個虔誠的朝聖者塔貝和瓊去尋找理想的淨土香巴拉，最後塔貝死去，而瓊則回歸現實。《西藏，隱秘歲月》是用魔幻現實主義手法為藏民族編寫的一部近代編年史。作者將神話與現實、宗教傳統與風土民俗糅合在一起，創造了一幅似真似幻的略顯神祕的藏族生活圖景。這部小說裡，作者將意象對比運用到了極致，將歷史事件與人物命運緊密連繫在一起，描繪了一個個落寞、停滯的場景：群山不再巍峨，就像趴在地上的懶土，老牛毫無生機，只是僵直地立著……這部作品開啟了當代藏族文壇一種新的文學思潮，即魔幻現實主義。一些藏族作家後來紛紛加入到這個隊伍中來。

▲ 作家阿來

藏族當代中短篇小說關注的往往是新中國成立以後的題材，而長篇小說更多關注藏區解放前後的題材。《格桑梅朵》是當代藏族第一部長篇小說，作者降邊嘉措用二十餘年功力寫就。小說講述了這樣一個故事：一支解放軍小分隊奉命來到了幫錦莊園，他們發動群眾與上層反動分子作鬥爭，最終順利完成了組織交給的任務。這是一部現實主義作品，其內容與形式均具有鮮明的民族特色。

這一時期，還有作家試圖以文學的視角重述歷史，最為成功的作品當屬丹珠昂奔的《吐蕃史演義》。這部作品敘述了從第一代聶赤贊普到末代贊普朗達瑪之間一千餘年的歷史，每個故事單獨一章，共四十六章。該作品展示了特定

▲ 阿來作品書影

歷史時期的特殊歷史畫面，尤其是對松贊干布著墨甚多，對他的雄韜偉略與慧眼識才進行了細緻描寫，給讀者留下了深刻印象。

當代藏族長篇小說儘管起步較晚，但從一開始就展示出了足可傲人的成績。就在長篇小說起步後十幾年，阿來的《塵埃落定》就獲得了二○○○年的茅盾文學獎，引起中外文壇的極大關注，瞬間激起了一股「藏族文化熱」，至今不衰。《塵埃落定》講述了這樣一個故事：在藏東地區，有一個受清朝皇帝冊封的麥其土司，生了一個傻兒子。這個傻兒子只是看上去傻，他做事總能跟得上時代節拍，大智若愚。在爾虞我詐、弱肉強食的土司戰爭中，就是這樣一個「傻子」，常能立於不敗之地。傻子不傻，令人嘖嘖稱奇。「傻子」土司最終還是湮沒在土司征戰的炮火中，這也宣告了土司制度的灰飛煙滅。小說向我們展示了一幅極具地方特色與民族風情的雪域文化圖景，使人們對神祕的藏族文化有了更為直觀的了解。阿來是一位頗具創新意識的作家，善於將民族敘事與國際文學思潮相結合。阿來還參與了世界「重述神話」的出版工程，他運用魔幻現實主義寫作手法對藏族英雄史詩《格薩爾王傳》進行了重新闡釋，並改寫為小說。他說：「重述的本質就是要把神話的東西具象化。」他的作品使古老神祕的《格薩爾》史詩頗具現代風格，契合了當代受眾的審美需求，擴大了《格薩爾》史詩在世界範圍的進一步傳播，該作已被譯為英、德、法、意、日、韓等多國語言，在全球數十個國家陸續出版，被譽為「一部能夠讀懂藏族人眼神的作品」。

第五節　書信集

　　書信集是指通過應用文形式撰寫的集子。代表作有《五世達賴書信集》《格登洛桑書信集》和《晉美旺波書信集》等。書信集的行文方式有兩種：詩歌和散文。但它與真正的詩歌、散文創作又不一樣。在表述時，展開想像的翅膀，對一件事要說得婉約雅緻。

（一）《五世達賴書信集》

　　《五世達賴書信集》收錄的是五世達賴向清朝政府和西藏政府發出的書信精品，字裡行間充滿了五世達賴對政教事業的熱忱，展現了五世達賴淵博的學說、深邃的思想。本書具有很高的文學價值和歷史價值。

　　五世達賴的文章既有王者的風度，又有學者的風範，文風有時氣勢磅礴，有時鐘靈毓秀，行文間往往包含深厚的愛國愛教之情，但也有部分篇章流韻綺靡，浮華藻飾，影響了讀者對作品的閱讀。

（二）《格登洛桑書信集》

　　格登洛桑（1881-1944）又名雲曾、洛桑華丹，小名叫白瑪扎西。十二歲拜夏瑪爾・格登丹增嘉措大師學習顯密佛法的灌頂和教誡。五十六歲完成《答辯・水輪》《金花傳》等著作。他一生培養學生千餘名，學生中成名成家者眾多。

　　《格登洛桑書信集》收集了作者一生中與同窗好友、名人雅士和高僧大德之間的信函精品，這些書信也能反映出格登洛桑本人對人生、社會、哲學和歷史的獨到看法。書信言詞委婉動人，內涵深刻。他的詩兼收並蓄，詞藻華麗。詩歌表現形式一般為九言、十一言等，詩句較長，但毫無繁贅之嫌。間或用散文表述，散韻相濟。

（三）《晉美旺波書信集》

　　《晉美旺波書信集》內容包括作者寫給六世班禪羅桑貝丹益西、清代國師三世章嘉，以及若必多傑、赤欽・格登彭措、土觀二世等上師的書信，書札大多用格律詩寫成。以下是他寫給章嘉仁波切大師的一封信函：

　　發願勝過其他佛，
　　完美無缺菩提心，
　　邊陲度人無匹敵，
　　誠為無欺歸依處。

　　相好壇城如月韻，
　　反覆照耀心慾海，
　　信波蕩漾書鶴聲，
　　在此鼓噪請垂顧。

　　金山中間須彌偉，
　　群星之中月獨尊，
　　濁世持教千百萬，
　　惟有聖人無可比。

　　遙遠東方青峰巔，
　　如月雙足立上方，
　　放射利他萬千光，
　　培育弟子睡蓮康？

無以計數箴言篋，
歸根到底遠離衰，
常人眼中不染塵，
根絕災難安無恙？

不遺餘力勤政教，
昊天罔極平等界，
不棄我這小庶民，
垂愛教誨甚欣慰！
⋯⋯

其風格飄逸、婉約，是不可多得的詩文善本。

第五章

介於口頭與書面之間
的文類

▌第一節　道歌

　　道歌是那些修為極深的出家高僧對生命、命運和世俗生活的深刻感悟。它們原本是以口頭方式帶著韻律的演唱，後被其弟子集結成文字流傳下來。道歌具有通俗易懂、生動形象的口語化特徵。內容上包含佛學義理，可歸為「介於口頭與書面之間的文類」。

　　道歌本質上講是一種特殊的詩歌，是藏族傳統詩歌的一個重要流派，它的內容主要與宗教傳經布道有關，因而被稱為道歌。道歌的產生與藏區特殊的人文宗教傳統有很大關係。藏傳佛教各派為了更好宣揚自己派別的觀點，紛紛推出了自己的始祖，將他們塑造成為身體力行、實踐成佛的典範，以利於信徒效仿。藏傳佛教教義深奧，對於那些根本就沒有接受過教育的底層百姓來說，要理解教派的思想精髓實在是一件難事。於是，一些高僧大德便通過民眾喜聞樂見的民歌形式來傳播宗教理念，這樣大大降低了接受門檻，極大地推動了教派思想的傳播。這些宗教責任感極強的高僧大德擔心經過改編的民歌也有可能被誤讀，為了使教派思想能夠真正被底層百姓所理解，他們就在每一首道歌的後面再配一個場景說明，也就是一個故事，這樣就形成了一個完整的道歌集。這樣做的最大的方便是，在什麼樣的情況下要運用什麼樣的佛教教義極為清晰。對信徒來講，完全可以通過誦讀道歌自悟佛法。

　　在藏族歷史上，最為著名的道歌要數《米拉日巴道歌》。米拉日巴是藏傳佛教噶舉派大師，他一生經歷坎坷，最終還是在上師瑪爾巴的指引下修得正果。這部道歌集的作者是米拉日巴，但是被信徒記錄下來結集成書已是米拉日巴示寂三百餘年以後的事了。這部道歌集總共有四百餘首。在每首道歌的後面附有一個小故事，交代本首道歌的來龍去脈，大大提升了道歌的故事性與趣味性。

　　米拉日巴自小受盡欺凌，生活悲慘，對現實生活體悟極深，但他並沒有試

圖在實踐層面採取行之有效的方式去改變這一切，而是從認知層面根本改變了看待具象世界的人生態度。米拉日巴參悟了人生，認為人生生苦無盡，並奉勸人們只有去寂靜處修行才是根本。他歌曰：「哎呀，青春年華乃幻飾。今生無常如夢虛。一旦閻王到來時，財主不能用錢贖，英雄寶劍無砍處，怯者也難作狐逃，臨到此時實堪懼，念此我才寂處住。」他還認為，人出生就邁入了苦海，如何脫苦唯有修行：「……細細臍帶被剪斷，恰似弄斷脈根般。躺時臥具是襁褓，就像困住丟地牢。若還不悟空性義，生苦無盡受煎熬。佛法聖意死時需，如果延誤緣分離，故應奮力勤修習！」他對統治階級殘暴壓榨老百姓的惡劣行徑也進行了無情揭露：「再沒有比狗更飢餓貪吃的，再沒有比官更無恥可怕的。」對個別僧人不專心修習、不守戒律、欺世盜名的貪婪本性也進行了無情鞭撻，歌曰：「聖法戒律是道旁瘋屍嗎？無論是誰也不持守！法墊之上有針刺嗎？高僧大德不肯穩坐！嚴修律法無意義嗎？諸僧徒眾不守律法！山林深處有盜賊嗎？諸修行者常游村鎮！中陰之處減容顏嗎？眾女弟子銳意打扮！」他對勞動人民的苦難深表同情，尤其是對地位低下的勞動婦女極為憐憫：「吃的喝的冷又髒，身穿襤褸破衣裳，睡鋪破皮毛全光，三種滋味你要嘗，你是人跨狗越的『得道娘』。」現實世界令米拉日巴極為失望，強者恃強凌弱，弱者孤苦無依，何處才是天日！他毫不猶豫地走向了與世隔絕的大自然。這是另一個世界，靜謐恬

▲ 俄羅斯聖彼得堡冬宮藏米拉日巴唐卡

然，在這裡可以靜修參悟，在這個絕少有人打擾的寂處，最容易閃現終極的靈光。他的淒苦靈魂在自然中得到了暫時的歇息與寬慰，並陶然於中，他認為這就是濟世良方，相較於爾虞我詐的紅塵，自然的別樣景緻就是他努力追尋的靜妙天國！大自然給了他絕對的靈感，讓他看到了人世的希望，進而迸發出詩人般的智慧，他

▲ 「米拉日巴吟唱道歌」唐卡

毫不吝嗇地用最好的辭藻來謳歌大自然。在紅塵之外美妙的「世外桃源」，正是他要追尋的世界！大自然給了他希望，他要與大自然融為一體，而且還要引導他的信徒吟唱著他的道歌來到這個無苦的世界。

　　米拉日巴的道歌不僅內容豐富，詩學成就也很高。他大量汲取民歌、諺語等民間資源，並將之運用到自己的道歌創作中來。從宗教傳播的角度來看，這是一個絕佳的方案。從此，那些文化水平不高的大眾百姓，能夠從他們耳熟能詳的民歌中聽出道理、聽出希望、悟出人生真諦，這實在是佛教傳播史上一件了不起的創舉。比如，日月、岩峰、花兒、蜜蜂、金眼魚等這些日常詞彙都出現在他的道歌中，將玄奧的宗教教義重新闡釋為世間萬物，極大拉近了世俗與神聖的距離，神聖就是生活。更為有意思的是，他的道歌還大膽套用民歌範式，填充宗教詞語，來宣揚宗教教義。他歌曰：「要說釀酒的方法，『身語意』灶石先支下。在那空性銅鍋裡，放進『信仰』青稞粒，再倒『正念慈悲』水，燒起大火是『智慧』……」乍一聽，這不就是《格薩爾王傳》裡面的「酒贊」嗎？完全套用了民歌的框架，只是移進了更多的宗教術語而已。顯然，作為一

名宗教人士，米拉日巴堪稱大成就者；作為一位詩人，他的成就同樣光彩奪目。

十七世紀，倉央嘉措的道歌著實為藏族詩歌藝術帶來了一股清新的風氣。倉央嘉措一六八三年誕生於西藏門隅地方，他的家庭信奉紅教。紅教是一種世俗化程度很高的宗教，倉央嘉措的早年生活無拘無束、天真爛漫。在他十五歲時，被選為第五世達賴喇嘛的轉世靈童，這預示著他應該做另外一個自己。作為一名宗教領袖，他需要恪守最為嚴格的黃教教律，這顯然與他的既往經歷格格不入，他一直有一種衝破藩籬的衝動。倉央嘉措被架上了神堂，萬眾矚目，備受崇敬，他一直在一種矛盾的狀態中生活。白天是宗教領袖，晚上就是他自己。他說：「看門的老黃狗，你心兒比人還乖。別說我夜裡出去了，別說我早上才回來。」他嚮往情愛，「從那東方山頂，升起皎潔白月。青春少女面容，浮現在我心上」。他為情所牽絆：「野馬再難馴服，一根繩索就可以攏住。情人若是變心，神力也拉她不住。」但他的身分注定這只是一場夢。「海誓山盟的情人，嫁給了別人為妻，我愁腸百結相思成災，為她憔悴幾乎委地成塵。」情人嫁為人妻，不久就可歡聲笑語，留下委屈、落寞的痴情人獨受情苦。倉央嘉措的語言質樸無華，卻清新亮麗，不失豐潤之感。儘管內容多言及女性，但絕無綺麗柔靡之感。他的詩歌讓人感覺到若即若離，就像仙女的飄帶一樣永遠牽著天上與人間。倉央嘉措身分的特殊性賦予他的道歌極大的闡釋空間。有人認為他的道歌就是情詩，還有的人認為是宗教道歌。說是道歌，但他的作品少有直白的說教；說是情詩，但他的作品裡卻閃爍著佛光。他的詩就如同他的人一樣，是一個令人著迷的「謎」。

他的行為、他的詩情，都不啻是對傳統的挑戰。最終他未能帶來新的時尚，也未能改變傳統。儘管這種挑戰是在一種靜悄悄的狀態下進行的，然而還是觸動了臣屬的神經。倉央嘉措的生命之花凋謝得如此神祕、如此突然，留下了諸多困惑。儘管倉央嘉措生命短暫，但他那永遠無法闡釋清楚的詩作延續了他的生命。他自由奔放的詩作，為其贏得「人之靈傑」的美譽。

十七世紀，在青海地區出現了一位名叫噶丹嘉措的高僧，他的道歌具有現實主義傾向，然而他卻是位超凡脫俗的理想主義者。噶丹嘉措心性高潔，他不屑於世俗的功名利祿。他的淡然為漫漫紅塵帶來了幾許清新。六十一歲時，有信徒向他供施，他當即作歌道：「我不是希求金銀的喇嘛，金銀雖貴終究要離散；我不是希求駿馬的行者，駿馬再好終究要離散。」噶丹嘉措自小生活無憂，但他卻對悲苦的勞動人民懷有深厚的感情。噶丹嘉措的道歌汲取了民間文化的精髓，不僅思想性強，而且語言流暢，用最樸實的語言講述了玄奧高深的佛教義理。

第二節　格言

　　藏族格言詩歌藏語叫「勒協」，意為優美的語言。格言詩歌是藏族文學藝術寶庫中一顆璀璨的明珠，形式短小精悍，但說理透徹，回味無窮。在燦若星辰的藏族格言詩歌中，十三世紀的《薩迦格言》乃開篇之作。它的作者是十三世紀藏族佛學大師薩迦·班智達（1182-1251），別名貢噶堅贊，他不僅是一位著名的宗教領袖，而且還是具有遠見卓識的政治家，為民族團結、祖國統一作出了巨大貢獻。

　　貢噶堅贊出生於西藏的名門望族昆氏家族，自小聰慧、博學，通曉五明，被稱為薩迦班欽。他是位開明的高級僧侶，由於其思想適應了時代發展的需要，因而被時人視為「菩薩化身」。他一生著述頗豐，後人整理為《薩迦全集》。其中《薩迦格言》流傳廣泛。《薩迦格言》之所以能夠穿越歷史長久散發馨香，是因為每一句格言都闡釋深刻的人生哲理，發人深省。作者對世事的體悟都體現在他的格言詩歌中。

　　在社會治理理念上，他極力反對「王政」，主張「教政」。他認為「王政」的弊端是缺乏足夠的道德約束，極容易滋生暴政，而且很難保證那些真正有能力的人成為國王。那社會應該由什麼人來治理呢？他說：「國王應遵佛法衛國護眾生，不然就是國政衰敗的象徵；如果太陽不能消除黑暗，那是發生日蝕的象徵。」要確保「王政」不致淪落為暴政，

▲ 藏文古籍《薩迦格言》

別無他法，唯有令國王崇信佛法才能實行「仁政」，佛法為「王政」劃定了底線。王崇力，教及心，王與教的結合，猶如為肉體注入靈魂，這樣的君主實乃百姓之福澤。貢噶堅贊治理社會的思路很明確，那就是實行「王政」與「教政」的結合，唯有實行政教合一才能保證「仁政」的實行。貢噶堅贊主張的「仁政」到底是什麼樣子呢？他的格言曰：「經常以仁慈護佑屬下的君主，很容易得到奴隸與臣僕；蓮花盛開的碧綠湖泊裡，雖不召喚，天鵝自然會飛來。」貢噶堅贊試圖以佛教教義來彌補「王政」的弊端，這種解決社會矛盾的思路，在當時具有積極意義。為什麼要施行「仁政」呢？「即使是秉性極為善良的人，若總欺凌他也會生報復心；檀香木雖然性屬清涼，若用刀鑽磨也燃燒發光。」貢噶堅贊看到，在社會矛盾極為尖銳的情況下，官逼民反的社會風險。「對不馴服的眾生發慈悲，制服他們只能用暴烈行為；希望對自身有益的人們，都用針灸來消除病危。」顯然，貢噶堅贊所主張的「仁政」是為了上層階級的統治。

對於社會治理，貢噶堅贊還提出了一些具體做法，比如他主張輕徭賦以減輕勞動人民的負擔：「君長收稅要循合理途徑，不要過分傷害眾百姓……由於稅民多，即使不極力收斂，國王寶庫也會一點點積滿。」他強調稅收制度要合理，不能收取太多，不可竭澤而漁，只有這樣才能維持民貧地瘠的青藏高原的持續發展。

貢噶堅贊畢竟是一位宗教領袖，他沒有忘記自己的宗教職責，藉助格言詩宣揚宗教思想：「一根桿上生長的草，被風吹散各自東西；正像一起降生的人，命運不同分出高低。」「哪個有情和哪個有連繫，全是前生宿業所注定的。請看鷲鷹要背負土撥鼠，水獺要向貓頭鷹獻供物。」人與人，命不同，人不同命爭；有人當老爺，有人當奴僕，全是命中注定，誰也爭不了誰的，宿命色彩濃厚。

貢噶堅贊的格言詩歌，除了討論宗教與政治問題以外，也涉及個人的修養與為人處世。貢噶堅贊是一位滿腹經綸的大學者，他用自己的經驗告訴人們什

麼是正確的學習態度：「愚人以學習為羞恥，學者以不學為羞恥，因此學者即使年老，也為來生學習知識。」在貢噶堅贊看來，學習就是修行，學習是一種態度，一種人生觀，活到老，學到老，很多高僧大德正是如此度過自己的一生。具體怎麼學呢？大師也給出了自己的建議：「學者學習的時候受苦，若處安樂哪能博通古今。貪圖微小安樂的人，不可能獲得大的幸福。」學習不是一件輕鬆的事情，沒有「苦其心志，勞其筋骨，餓其體膚，空乏其身」的精神，是絕難成功的。在學習過程中，他提倡不恥下問：「格言即使出自小孩，學者也要全部學來。雖然是野獸的肚臍，也要從那裡把麝香割取。」學問與年齡、地位沒有任何關係，做學問不能滿足於現狀，要孜孜以求。貢噶堅贊反對學習上的惰性行為，學習是一種修行，不能自認缺少慧根就自我放棄，要「笨鳥先飛」：「以沒有智慧為藉口，愚者不把知識習來。其實正因為沒有智慧，愚者才更要勤奮百倍！」此外，貢噶堅贊的道歌內容上還涉及如何處世等問題。

貢噶堅贊的格言儘管極力地弘揚佛教思想，但他不同於那些徹底的出世者。面對社會問題，完全出世者除了提出隱修以外再沒有更好的解決途徑，而貢噶堅贊卻不同，他不僅承認問題，而且還預見問題，更給出了一些積極入世的療世良方，難能可貴。貢噶堅贊的文學成就是多方面的，其中，他將印度著名詩學論著《詩鏡論》介紹到西藏，對後世的文學創作影響深遠。

《甘丹格言》是藏族文學史上另一部有名的格言詩集，作者是三世達賴喇嘛索南嘉措的老師索南扎巴，他一生著作等身，使其留名青史的是這部格言詩集。

索南扎巴按照佛教的標準將天下人分為「智者」與「愚者」兩類，所有的行為都可以歸為「智」與「愚」。什麼樣的人是智者，什麼樣的人是愚人呢？索南扎巴如此闡釋他的智愚觀：「所謂智者是何意思？就是精通僧俗法理，如同佛言『世有二規』，愚者也有這些東西。不論今生或者來世，智者都能得到善果；愚者今生或者來世，總是逐次遭到毀滅。智愚二者之別，如同大山之於微塵，如同大海之於小池，如同天空之於掌心。」索南扎巴用佛教的價值觀來

界定智與愚，而且在智與愚和善與惡兩組概念之間建立起內在連繫，最終的結果就是智有善報、愚有惡報。智者應該具備什麼樣的人格特徵呢？索南扎巴認為智者不僅要勤奮、謙虛，還應該心胸寬廣、言而有信：「智者求習學問時，雖苦也忍耐堅持；請看下海雖艱難，取回寶貝心歡喜！愚者好逸又懶惰，不學怎把知識獲？請看不務商與農，這種人家多貧窮！」他認為，智者還應該是謙虛的，驕傲自滿是愚蠢者的表現：「智者量大不聲響，恰恰表示深而廣；請看海水緩緩流，它的深度難測量。愚者自滿到處講，正好表明識不廣；請看小溪喧聲大，溪底深淺極易量。」智者在做事情上要心胸寬廣，勁往一塊使，方能成功：「智者開始同心同德，將來不會離心離德。請看猴王愛護眾猴，永遠悉心關照生活。愚者開始心投意合，為點小事各自散夥。請看獅子以友為敵，這種行為何等醜惡。」索南扎巴也主張誠信：「智者因為言必有信，所以大家對他放心，立志救護被燒小孩，熊熊烈火也要衝進。愚者言而無信，倒楣之事很快降臨。請看以火嚇人之王，花園之中自身被焚。」他還認為智者要潔身自好、不能貪戀錢財：「智者不重美衣食，而以美譽為光榮；請看英雄不他求，專要戰場得勝利。愚者特別輕美名，稍有財產以為榮；請看偷竊搶劫者，總以衣飾顯美容。」

《甘丹格言》將所有行為均歸為智與愚兩類，這或許會存在語義內涵與外延的偏差，但是這種語義兩分法，卻大大降低了認知成本，對於文化水平不高的廣大信眾來說很容易理解與效仿。

到了清朝中期，在甘肅安多地區又出現了一位佛教大師貢唐‧丹白准美，他曾經擔任藏傳佛教六大寺院之一的拉卜楞寺法台，是位學術造詣很高的大學者，在醫學、歷算、詩學等領域成就卓越。《水樹格言》是他的格言詩集，如其他著名佛教格言詩一樣，也涉及佛法信仰與世俗生活兩大主題，勸喻人們信仰佛法，並依照佛教價值觀來規範社會及個人的行為。

世間萬象，什麼才是終極價值，這是任何一個佛教修習者首先要解決的認識問題，這是信仰佛教的前提。丹白准美曰：「在這五光十色的輪迴裡，一切

事物都沒有意義；那鮮嫩的芭蕉乾，從頭到尾都『不實在』。」世間萬物就是幻象而已，就如芭蕉乾，看似鮮嫩，但除了這它還有什麼呢！如果人整天沉溺於這些看似「鮮嫩」的幻象世界，浸潤越深，就越難解脫！人生在世，宛若苦海，何以得脫，唯奉「三寶」，丹白准美曰：「能護佑眾生脫離巨大恐懼，沒有別人，只有『三寶』無欺；一切被水浪所沖走的，只有船師能將之撈救起。」大師勸導世人要諸惡莫做，多行善事：「毒苗長出毒草花，藥苗長藥不會差；做了善事得善報，惡有惡報逃不掉！」作品用簡單的事物闡釋了佛教的因果報應思想。

　　大師無意成為一位遠離塵囂的修行者，他還關注世俗社會的治理問題。大師不滿意世俗統治者的所作所為，《水樹格言》對上層階級的批判與揭露不留情面：「壞國王搶光了百姓的財富，他卻仍然覺得飢餓和困苦；火山雖然喝了大海的水，但大火還是在熊熊燃燒……對壞首領雖然經常敬奉，一離了賄賂他就更凶；晝夜煮水時間不管多長，一離開火馬上就會變涼。」作品形象地刻畫了世俗統治者的貪婪與無恥。為什麼這些世俗統治者會如此慾壑難填，原因在於他們缺乏正確處理君與民關係的認識。他警告這些世俗統治者：「壓榨臣民的殘暴昏君，總有一天僕人也不依順；棍棒猛勁抽打豌豆堆，一粒豌豆也不粘附棒棍。假如臣民不肯敬奉，大王又有什麼威風；假如柱子不撐大梁，國王宮殿怎能修成？這樣的國王怎麼當？柱子如果不把梁撐，國王的宮殿怎建成？」國王之所以是國王，是命中注定，但如果國王得不到臣民的敬仰，這樣的國王最終也會被命運所拋棄。大師在提醒這些世俗統治者，水能載舟，亦能覆舟，告誡王者要學會體恤人民。他還告誡世俗統治者要遠小人，親賢臣：「賢君面前奸臣當權，其他忠臣誰肯近前；檀香樹上毒蛇盤繞，誰也不敢再來依戀。」

　　丹白准美認為，大凡那些勤奮謙虛之人都是「賢人」。大師自己就是一位孜孜以求的大學者，他結合自己的學習經歷勸人們要勤奮學習，爭做賢者：「如果經常勤奮努力，學識定然淵博無比；根子若是常吸水分，枝頭果實成熟無疑。」他主張，業精於勤荒於嬉，勤奮努力，持之以恆，方能成就。「賢人」

不光要業精於勤，還要謙虛勿傲：「賢者雖然通曉全部學問，但不傲慢仍然和藹可親；由於纍纍果實的重壓，果樹枝頭總是低低垂下。」勤奮與謙虛，是大學者必備的素質，缺一不可。

　　大師的格言詩歌大量運用了比喻等文學手法，將玄奧的宗教思想用通俗的語言、可見的形象比喻表述了出來。丹白准美喜用與水和樹有關係的比喻來闡釋深奧的佛教思想與為人處事的原則。與水有關係的詞語有雨水、涼水、霧氣、水滴、池塘、海洋、江河等；與樹有關係的，主要有柱子、檀香、藤蘿、柳絮、森林、荊棘等。絕大多數比喻都恰如其分，能夠很好地闡明道理，其語言風格在藏族文學史上獨樹一幟。

▎第三節　訓誡

　　訓誡，是藏族文學的另一種別具民族特色的文學形式。藏族文學史上最為著名的訓誡當推《卡切帕魯訓誡》，全名《卡切帕魯世俗業果計算法的訓誡》。正如書的名字，《訓誡》通篇用佛教因果報應的思想來警示、教導人們規範自己的言行，甫一問世，就在藏區社會流行開來，成為民間流行的通俗啟蒙讀物。

　　有意思的是，雖說是訓誡，但至今我們不清楚是誰在訓誡，書的作者至今還是個謎，只能按照書名來推測作者的有關信息。「卡切」意為「回民」的意思，的確書中也出現過伊斯蘭教真主「胡大」的用詞，這本書很可能是由回民帕魯撰寫，但是從全書的內容來看，這本書自始至終都是在談佛教的應果報應，並以此告誡人們要謹言慎行。令人困惑的是，一位回族作者怎麼會對佛教教義瞭如指掌，而且還會寫出如此深刻的佛教訓誡？有人認為《訓誡》的真正作者或許是七世班禪大師丹白尼瑪，但文中有母親如何教育子女的細節描寫，這又同班禪大師的身分不相符。也有人認為，由於班禪大師與後藏日喀則地區的回族民眾很熟悉，於是就採用回族的語詞來撰寫這部具有佛教色彩的《訓誡》。這種說法頗有穿鑿之嫌。

　　《訓誡》總共六一二句，分為十二章，通篇貫穿著佛教因果報應的思想，涉及國王施政、個人修養、子女教育以及人們日常生活的方方面面。

　　《訓誡》為當政者出謀劃策，告誡他們要「合法」，這是為政者的根本。《訓誡》曰：「君王是那國家的美飾，合於法就有江山權勢，法能鎮住就一切如意，法典具備就美滿幸福。」作者強調「依法」，具有非常積極的意義，這相當於為上層階級的統治活動畫了一個「圈」，使他們不能為所欲為，在一定程度也保護了廣大人民的利益。為政者不僅要守所謂的「法」，還要講究恩威並施，《訓誡》曰：「官民猶如病人和大夫，針刺之後再把瘡藥敷，斥責發怒

之後要慰撫。」一個好的為政者還要善於用人，《訓誡》曰：「委派人才要用其所長，木匠雖巧不能做畫師，豺狼再好不能當牧童，派那有業報者去做官，羊兒就會落入狼口中。」《訓誡》還警告為政者要勤於政事，不要沉於宴樂：「國王若像奶酪般安臥，地方如血騷動也不知；牧童若是沉迷於茶酒，羊兒一定會被狼叼去。」

《訓誡》還告誡人們要節制貪慾，生活要嚴謹，恪守本分，這樣的人方能稱為「賢士」：「控制野馬貪慾心，韁繩必須要勒緊。各個方面要克己，時時處處有分寸。起居言行要克制，享樂受苦守本分。美食佳衣有限度，才算出類拔萃人。」《訓誡》無情批判了那些貪慾十足的無恥之人，曰：「懂得為人處世的老人，勝過百個貪心修法者，自私貪心的人無羞恥，無羞恥的人就是畜生。」節制慾望者是「出類拔萃之人」。《訓誡》同樣倡導命中注定的佛教思想，將命中注定的邏輯上升為「天理」，「不滿足於注定的命運，自找苦吃是毫無意義。」

其實，《訓誡》中最為閃光的是其關於家庭教育的內容。《訓誡》極其反對家長嬌寵孩子，曰：「孩子小時坐在母親頭上，嬌生慣養都是母親慣的，胡吃亂吃是母親給的，互穿亂穿是母親給的。小時被母親嬌慣的孩子，慣壞後母親也管不住。」那應該如何來教育子女呢？《訓誡》曰：「要經常把利弊來指點，要經常把好壞說分明，做好事就要讚揚、獎勵，做壞事就要指出、責打。」「偷了東西之時責打好，說了謊話之時訓斥好，偷雞蛋時若不給點厲害，偷了母雞還會把馬盜。」針對不同錯誤，教給了不同的教育辦法，有時需要言教，有時需要棍教，小錯不改終究會釀成大禍，極具警示性。父母為子女成長操碎了心，作為子女應該孝敬父母，《訓誡》曰：「二位大恩大德的父母，現在年紀已老知道否？……上是胡大下面是父母，沒有比他三位更高的。」父母就如真主般高貴，孝父母就應該像敬真主一樣。

《卡切帕魯訓誡》是一部頗具神祕色彩的奇書，儘管它的作者至今還是個謎，但他留給世人深刻清晰的思考。書中使用了很多口語化語言，採用議論的

方法來說理，明辨是非，有根有據，態度清晰。不同於格言詩歌，《訓誡》每一章幾乎都是一個完整的故事，不追求格律，只講究接受效果。總體來看，《訓誡》少有文人的刻意加工，應該更像是一部民間自發創作的彙編集。

▌第四節　藏戲

　　藏戲的起源，目前只能依據傳說來推定。據傳早在八世紀時，赤松德贊為了慶祝桑耶寺的建成組織過慶典，蓮花生大師親自導演過佛教酬神醮鬼的跳神儀式。這種儀式被沿襲下來，遇到慶典或節慶，一些地方也會組織類似跳神活動。到了十四世紀時，噶舉派僧人唐東傑布修橋到處化緣，為了能夠籌集更多資金，就組織人進行演出，最初他找了當地的七個兄妹來充當演員，演出既有明確的角色分工，又有故事情節，因而深受群眾歡迎。在以後的跳神活動中，唐東傑布進一步將佛教神話故事納入到藏戲演出中，極大地豐富了演出內容，也推動了佛教的發展。但是一些宗教人士認為這種做法洩露了佛教祕密，於是在一段時間內，藏戲發展受到了一定制約。由於唐東傑布對藏戲發展作出了傑出貢獻，因而被藏族人民視為藏戲的祖師。十七世紀時，五世達賴喇嘛將藏戲演出從跳神儀式中分離出來，成立了專門的職業劇團，自此藏戲作為一種獨立的藝術形式傳承發展起來。

　　藏戲的傳統劇目流傳至今的尚有十餘部，其中最為著名的有《文成公主》《諾桑

▲　唐東傑布像（唐卡）

王子》《白瑪文巴》《赤美更登》《卓娃桑姆》《蘇吉尼瑪》《朗薩雯蚄》《頓月和頓珠》，被稱為傳統的「八大藏戲」。這些劇目一般都是以文學底本形式存在，有手抄本，也有木刻本。在流傳的過程中，內容與情節不斷有新的變化。總體來看，藏戲劇本的取材一般都是歷史事件或神話傳說，其內容主要涉及四個方面：一是宣揚宗教觀念，二是反映社會現實，三是揭露宮廷鬥爭，四是頌揚民族團結。

《文成公主》的主要情節是，贊普松贊干布派噶爾‧東贊前往唐朝宮廷迎娶文成公主，唐朝皇帝先後設置了「三問」與「七賽」來考驗婚使，噶爾‧東贊憑藉自己的智慧一次次闖過了難關。皇帝最終答應將文成公主嫁給松贊干布。公主前去吐蕃，不僅帶去了釋迦牟尼佛像，還帶去了種子與工匠，大大推動了吐蕃社會經濟的發展，也為漢藏團結作出了重要貢獻。劇目情節曲折，引

▲ 傳統藏戲劇目《諾桑王子》

人入勝，是藏戲中集思想性與藝術性為一體的經典劇目。

《諾桑王子》反映了人神之愛，歌頌了愛情的忠貞。額登巴王國國力興旺，引起了鄰國日登巴王國國王的嫉妒。巫師告訴日登巴王國國王說，有一條神龍在保佑額登巴王國，於是日登巴王國國王便派巫師前去額登巴王國的湖裡捉這條神龍。在關鍵時刻，一位獵人救了這條神龍，神龍為了答謝恩情，就送給獵人一條繩子，讓他拴住前來沐浴的仙女以成婚事。但是仙女更願意嫁給額登巴王國的諾桑王子，於是獵人就把仙女送給了王子。仙女的到來，引起其他王妃的嫉妒，於是她們便邀請巫師做法派王子出征。王子一走，眾王妃就一起迫害仙女，仙女遂飛昇天宮。諾桑王子凱旋歸來，了解了事情的原委，就前往天庭欲請回仙女。經過一番波折，最後王子與仙女重新團圓。這個故事取材於《如意寶樹》，經過文人的加工形成最後的劇情。語言介於大眾語言與詩律之間，具有較強的文言色彩，內容上歌頌了純真的愛情，具有浪漫主義色彩。

《白瑪文巴》的劇情大體是這樣的：在印度有一個王國，國王叫牟迪王。有一位商人諾桑非常能幹，為國王積累了不少財富。但牟迪王嫉妒諾桑的才幹，便與大臣聯合陷害諾桑，讓諾桑去海底為其取寶，結果諾桑等人全都落入

▲ 藏戲表演

海中。牟迪王怕諾桑的遺腹子白瑪文巴為其父報仇，又故伎重演，也讓其去海底取寶，結果在空行母的幫助下，白瑪文巴順利取回寶貝。牟迪王又派他到羅剎王國去取金鍋銅匙，結果白瑪文巴不僅取回了金鍋銅匙，還將五位岩羅剎女點化為自己的妻子。牟迪王大驚，不僅搶走金鍋銅匙，霸占了五位仙女，還燒死了白瑪文巴。後來在仙女的救助下，白瑪文巴活了過來。他巧設計謀邀請牟迪王同遊太空，最後將其送往羅剎王國餵了羅剎。國人請白瑪文巴做了國王，天下太平，百姓安樂。這部劇人物刻畫得十分成功，將牟迪王的貪婪凶狠，白瑪文巴的機智勇敢表現得惟妙惟肖。

《赤美更登》具有較強的宗教色彩，宣揚佛教的布施思想。貝岱國王有個兒子叫赤美更登，自小熱衷布施，經父王恩准，他可以隨意布施。敵國國王知道了這件事以後，便派人化裝成乞丐來騙取赤美更登的信任，企圖獲取貝岱王國的破敵如意寶。赤美更登果然將這件寶物施捨給了敵國「乞丐」。後來父王

▲ 藏戲面具

▲ 藏戲《赤美更登》

知曉了此事，將赤美更登流放。在流放的路途中，他又先後將車、馬、象及兒女與妃子布施出去，在歸途中將自己的眼睛也布施出去。他的這種布施行為最終感動了敵國國王，破敵如意寶又物歸原主，敵國心甘情願做了貝岱王國的屬國，赤美更登繼承了王位。這個故事是一個典型的宗教說教故事，彰顯了慈悲為懷的宗教理念。

據說，《卓娃桑姆》創作於十九世紀，有人認為這部劇是由民間流傳的《姐弟倆》故事改編而成。門扎崗王國國王非常殘暴，他的王后也是一個女魔。一天，國王外出打獵丟了狗，他在找狗的過程中，邂逅空行母臨凡的卓娃桑姆，並強行納為妃子。後來卓娃桑姆感化了國王，並為國王生了一兒一女。魔后知曉後遷怒於國王，並讓國王飲了瘋酒，瘋掉的國王被魔后打入地牢。魔后還想殺掉王子與公主，於是裝病，令屠夫挖出姐弟二人的心臟來為自己治

病。屠夫心慈，用兩顆狗心騙過了王后。魔後又令兩個漁夫將二人扔到海裡，漁夫也心慈，將姐弟倆偷偷放了。魔後又派兩位獵人去把姐弟二人帶至山上將他們摔死，姐姐被好心的獵人救下，而弟弟則被另一位狠心的獵人丟至山下。就在這時，王子被從天上下凡的母親所救，王子後來成了貝瑪巾王國的國王。魔後知曉後帶兵來伐，兵敗被殺，王子救出父親，同時也成為了門扎崗王國的國王。這部劇描述了善惡兩種力量的鬥爭，歌頌了底層人民的善良與淳樸。

《蘇吉尼瑪》的原初劇本出現較早，據說是由貝饒雜那和西烏譯師於八世紀後半期譯為藏文的。劇情大意是：印度有一個王國，大王子先娶了一位悍婦，後又強娶蘇吉尼瑪。蘇吉尼瑪感化了王子，使其信仰佛教。大妃嫉妒蘇吉

◀ 木刻本《朗薩雯蚌》

尼瑪，將她的兒子殺死並嫁禍於她。於是，國王將蘇吉尼瑪流放，但是押解她的三位屠夫被蘇吉尼瑪的善行所感動，就偷偷放了她。蘇吉尼瑪又遊方各地傳教說法。國王知曉了事情的真相以後，將蘇吉尼瑪請回，重做王后。後來，蘇吉尼瑪與丈夫都出家修行，最終修成正果。這部藏戲同樣頌揚了邪不壓正、善良終究會戰勝邪惡的思想。

《朗薩雯蚌》的創作年代較早，有人認為朗薩雯蚌是生活在十二世紀的真實人物，後有人將她的故事改編為藏戲劇本。據說，朗薩雯蚌出生於後藏一個貧苦百姓家庭，她生來美麗、善良。在一次廟會上，她不幸被當地的官員扎欽巴看中，強行將其納為自己的兒媳。起初，她與丈夫相處還好，並生育了一個兒子，家人決定將倉庫鑰匙交給她，這引起了小姑的嫉妒。於是小姑就挑撥她與公爹和丈夫的關係，她的悲慘命運自此開始。有一次她向一位瑜伽行者布施，被小姑看到，小姑就向公爹與丈夫告狀說，朗薩雯蚌與瑜伽行者有私情，她被丈夫打得死去活來。後來她又向一位行腳僧人布施，也被小姑惡意挑撥，被夫家當夜打死。結果七天以後，朗薩雯蚌又復活了，夫家雖然懺悔了當初的暴行，但是她傷心欲絕，看透了紅塵，在回娘家的途中逃入寺院，拜那位行腳僧人為上師，出家為尼。後來，丈夫與公爹受到感化，也信仰了佛教。這部劇讚揚了底層婦女的溫順、善良，鞭撻了上層統治階級的凶狠奸詐、刻薄刁鑽，從藝術性與思想性來說，均為上乘之作。

《頓月和頓珠》歌頌了難以割捨的手足之情。有人認為這部藏戲的作者是五世班禪大師，他藉助這部藏戲來闡述他與達賴喇嘛之間的關係，因此這部藏戲又被稱為《班禪秘史》。這部劇的大意是：印度有一個國王，先後娶有兩個王妃，大妃生子頓珠，二妃生子頓月。二妃嫉妒大王子受人擁戴，就陷害他。國王聽信讒言將大王子流放遙遠的北地。二王子頓月生性善良，隨哥哥一同前往。結果途中弟弟頓月離開了人世，頓珠忍痛將弟弟埋葬在一棵檀香樹下。後來，頓珠被一位喇嘛收留做了弟子，而弟弟也被仙人救活。當地一位國王每年都會選一位龍年出生的男孩子去祭龍王，龍年出生的頓珠遂被選中。國王的女

▲ 整裝待發的演員

兒愛上了頓珠，便日夜守護他，頓珠卻主動跳入海中祭龍王，龍王大受感動，將頓珠又送了回來。後來國王知道了這一切後，便將女兒嫁給了頓珠，並令其管理國政。頓珠又把頓月找回來，一起回到了自己的國家，與父母團聚。這部劇劇情十分感人，體現了親兄弟之間的患難之情，歌頌了人間的真善美。

除「八大藏戲」外，還有《雲乘王子》《岱巴登巴》《緒貝旺秋》《敬巴欽寶》與《日瓊巴》等劇目。藏戲劇本各有特色，但所有藏戲劇本都是散韻結合的說唱體，敘述故事情節時用散文體，唱詞用的是詩歌形式。表現的主題較為鮮明，一般都與佛教有關係，核心人物也多是國王、王子一類，最後一般都皈依了佛教。當然也有個別劇目歌頌的是小人物，但也不離弘揚佛教的主旨。在藏戲裡，上至王侯將相、下至平民百姓，均皈依佛教。可以說，具有高度民間性的藏戲藝術對於佛教思想的弘揚功不可沒。藏戲中人物形象的塑造也十分成功，描寫細膩，重點突出。藏戲劇本繼承了藏族文學作品一貫的浪漫主義傳統，並將之運用到故事敘事中來，收到了很好的效果。

後記

　　一個長期從事學術研究的學者，要為讀者撰寫一部嚴謹的普及讀物，說起來容易，做起來則難度不小。藏族文學史上下幾千年，內容涉及面廣，而且已有多部相關作品出版。欲寫出風格迥異、內容全面、適合國內外大眾口味的著作，實屬不易。按照藏族傳統文人的學養標準，對於一位名副其實的學者來說，論、辯、著是一種最基本的學術修養。過去的文人墨客往往擁有豐富的聲明音韻學知識，對詩詞歌賦有著全面的訓練和把握，並用心將這種能力應用到自己著書立說的實踐中。歷史上不同時代的高僧大德為後人所留下的豐富文獻著作，均含有很高的文學價值。從廣義上說，它們都可歸納到藏族文學的範疇，應成為本書關照的對象。但由於篇幅所致，加之本人學疏才淺，在區區數萬字的冊子裡難以包羅萬象，只能蜻蜓點水、走馬觀花，擇其要點概而論之。

　　自打接受撰寫任務伊始，作者在業務工作之餘閱讀大量相關讀物，借鑑前人成果，對藏族文學從歷時和共時兩個方面進行全面的梳理，力圖打破以往文學史寫作慣例，採用新的編排思路，從口傳到書面對藏族文學作了提綱挈領式的介紹和展示。令作者所欣慰的是，本書篇幅雖小，但從體例到結構、再到敘述方式均概括性地表達了作者一直以來對藏族文學史的總體性思考。

　　在寫作過程中，得到了在中國社會科學院民族文學所做訪問學者的山東魯東大學王景遷博士的無私幫助。他在資料的收集、篩選以及部分初稿的草擬方面都投入了大量的心血。另外，本書插圖絕大多數由高莉博士提供，她在完成個人學業之餘，將自己手中保存的相關圖片毫無保留地奉獻出來，為本書的付

梓給予了無私幫助，作者在此一併深表謝意！祝願同道好友們平安健康，扎西德勒！

　　由於本書是普及性讀物，為行文方便，沒有嚴格按照學術論著要求對資料的引文出處做詳細的說明，部分引文只提原文作者，沒有標註具體出處。在此特作說明，並深表歉意！

諾布旺丹

2015 年歲末於北京

昌明文庫·悅讀中國 A0607004

西藏文學

作　　者	諾布旺丹
版權策畫	李煥芹
發 行 人	林慶彰
總 經 理	梁錦興
總 編 輯	張晏瑞
編 輯 所	萬卷樓圖書股份有限公司
排　　版	菩薩蠻數位文化有限公司
印　　刷	百通科技股份有限公司
封面設計	菩薩蠻數位文化有限公司

出　　版　昌明文化有限公司

桃園市龜山區中原街 32 號

電話 (02)23216565

發　　行　萬卷樓圖書股份有限公司

臺北市羅斯福路二段 41 號 6 樓之 3

電話 (02)23216565

傳真 (02)23218698

電郵 SERVICE@WANJUAN.COM.TW

大陸經銷

廈門外圖臺灣書店有限公司

　　電郵 JKB188@188.COM

ISBN 978-986-496-435-2

2020 年 8 月初版二刷

2019 年 3 月初版

定價：新臺幣 280 元

如何購買本書：

1. 轉帳購書，請透過以下帳戶

　合作金庫銀行 古亭分行

　戶名：萬卷樓圖書股份有限公司

　帳號：0877717092596

2. 網路購書，請透過萬卷樓網站

　網址 WWW.WANJUAN.COM.TW

大量購書，請直接聯繫我們，將有專人為您
服務。客服：(02)23216565 分機 610

如有缺頁、破損或裝訂錯誤，請寄回更換

國家圖書館出版品預行編目資料

西藏文學 / 諾布旺丹著. -- 初版. -- 桃園市：

昌明文化出版；臺北市：萬卷樓發行,

2019.03

　面；　公分

ISBN 978-986-496-435-2(平裝)

1.文學史 2.西藏自治區

676.608　　　　　　　　108003123